だいわ文庫

本気で変わりたい人の行動イノベーション

大平信孝

大和書房

はじめに

この本は「たった1分間で、あなたの未来を変える方法」を書いた本です。

「成功したい」「いずれは起業したい」「今の自分を変えたい」と思っている人にとって一番大切なのは、成功のためのビジョンに向かって、即行動すること。

私は「行動イノベーション（革新）」の専門家として、経営者やアスリート、ベストセラー作家の方々の夢やビジョンの加速実現サポートをしています。

成功する人たちは即決断し、即行動できるからこそ、ベストな瞬間を捉え、その波をつかむことができています。この加速実現を自分のモノにすることができれば、結果の出せる人間になります。

成功の秘訣は行動がすべてです。

どんなにいい才能、知識、環境に恵まれていたとしても行動しないと結果は出ません。逆に言えば、それほど才能、知識、環境に恵まれていなかったとしても、行動することで才能も開花し、知識も深まり、環境も良くなるので成功できるのです。

私はコネも社会的地位も経験もないサラリーマンでした。

そんな私が、アルフレッド・アドラーという心理学者が提唱した「アドラー心理学」をベースとしたコーチングの勉強をし、コーチングの手法を探求するうちに「行動イノベーション」へと行きつきました。自分自身を行動イノベーションし、お客様の行動イノベーションをサポートできるようになったおかげで、1年足らずでプロコーチとして独立し、3年目に法人化。今では「行動イノベーション」の専門家として、経営者やアスリート、ベストセラー作家の方々をサポートさせていただいています。

サラリーマン時代の私を知っている人たちには「**大平くん、変わったねえ〜。正直、同じ人とは思えないくらいイキイキしてるよ**」と言われることがあります。

たしかに、自分でもびっくりするくらい、当時の私と今の私は違うと思います。

そんな「ダメ時代」の自分の笑い話を交えながら、いろんな方々に「人は絶対に変われるんです。何より僕自身がその実例です」というお話をすることがよくあります。

すると、「たった数年でそんなに変われた秘訣をぜひ教えてほしい」と言われます。

そのとき、私がお伝えすることが、たった1つだけあります。

それは「行動がすべて」だということ。

行動できたから、私は変われたのです。

忙しくて時間がない。

失敗するのが怖い。

この歳で新しいことを始めるなんて遅すぎる。

経験がない自分には、まだ無理。


あなたが、「行動しない理由」を探すのは、非常に簡単です。

なぜなら、右に述べたように、理由はたくさんあるからです。


では、いったいどうすれば、行動できるようになるのでしょうか？

どう考え、何を実行すればいいのでしょうか？

実は、日常の中で、ちょっと立ち止まってたった1分間「あること」をするだけでいいのです。ただし、そこにはちょっとしたコツがあります。


ヒントとなるのは、「欲望」や「五感」という言葉です。

「行動しない理由」は、人それぞれですが、行動しない理由に関係なく、「行動できるようになる」ための方法を本書では提案していきます。

そのキーワードが「欲望」です。

ここに、アドラー心理学をベースにした、私の1分間行動イノベーションコーチングの特長があるのです。


そんな短時間で自分が変わるなんてありえない。よくある宣伝文句なのでは？　と疑われる人もいるかもしれません。

なぜなら、人生の流れを変えたいと思う人の大半が、実際は行動できなかったり、なかなか長続きしなかったりと悩まれているからです。


そんなあなたにお伝えしたいことがあります。

それは、まず、**自分の本当の欲望に素直になってください。**

そうすると、成功のためのビジョンに向かって、即行動できる自分に変わっていけます。

人は誰でも自分の本当の欲求に素直になれると、お腹の底からワクワクした気持ちが湧き出してきます。そして今まで頭で考えて無理矢理行動していたのが嘘のように、人生を楽しみながら行動できるのです。

これを私は**「行動イノベーション」**と名づけました。

あなたの行動をイノベーションできれば、あなたの人生の流れが変わります。

そして、確実に素早く成功を手に入れられるようになります。

「軸なし」と言われたダメ時代

今でこそ行動イノベーションの専門家として仕事をしている私ですが、ほんの数年前、プロコーチになるまでは「行動できない人間」の典型例のような存在でした。

いや、「行動できない人間」というのは、正確な表現ではありません。

「どうでもいいことはすぐ行動に移せるのに、肝心なことに関してはなかなか行動できない人間」でした。そして、いつもそのことをうじうじ悩んでいました。

当時、私は税務専門誌の編集の仕事をしていたのですが、簿記や税の勉強をして税に関する論文を書けるレベルになれば、企画提案などでよりよい仕事ができることがわかっていました。

意を決してテキストを購入し、専門家の勉強会にも参加したものの、勉強は一向に進みませんでした。「自分は税の専門家でないし、それをやっても給料が上がるわけでもない。今すぐ仕事に困るわけでもないし、今から勉強したってどうせ専門家にはかなわない」など、行動しない言い訳をして、理論武装して、自分を無理矢理納得させていました。

そして、**行動しない結果、まったく変わらない自分を見てがっかりして、さらに行動から遠ざかる**、そんな悪循環を私自身、繰り返していました。

そんな中、2人目の子育てのために育児休暇をとっていた妻が、産後のエクササイズ講座や子育て講座を受講したり、子育てをしながら働く母のためのワーキングマザーサロンのファシリテーターに挑戦したり、ママ友とのお茶会やランチ会、ベビーマッサージにと、イキイキと毎日を楽しんでいるのがうらやましくなったのです。

そして……、

「いいなぁ。おまえは、好きなことがいっぱいできて」

と、私はつい言ってしまったのです。

すると**「あなたも好きなことや、やりたいことをしたらいいじゃない」**と妻に言われました。

そこで、私は悩みました。

「俺の好きなことって、なんだろう?」

自分がやりたいことがまったく思い浮かばなかったのです。

自分の「欲望」が何なのか、わからなかったのです。

そのことを妻に話しました。

すると、

「30歳をすぎて、自分の好きなこともやりたいこともわからないなんて、あなたは軸がないのよ。この『軸なし！』」

と、ブチ切れられたのです。

軸なし！

この言葉は、正直ショックでした。

それまでは「俺はまだ本気出していないだけで、人生の本番はこれから。最高の仕事を見つけたら、ひと角の人になって活躍し始めたい」と、「頭の声」は格好つけていました。

けれども、「心の声」は「こんなに職を転々とするのはもううんざり。やりがいを毎日感じながらバリバリ仕事をしたい！　俺はもっと人前に出て充実した日々を送るんだ！」と言っていました。

「体の声」は、「**もっと情熱に胸をふるわせて、この体を躍動させたい**」と叫んでいました。こちらの声が、私にはしっくりくるように思えました。「私の欲望はこんなにも力強かったのか！」と実感したのです。

その「欲望」に気づいた瞬間、私は自然と行動を開始していました。

とても不思議な感覚でした。

今まであれほど動けなかった自分が、自分の人生のど真ん中に向かって、どんどん進んでいくようになったのです。

そして、この経験をより多くの人にも体感してもらいたいと考え、さらなる勉強を進め、行動イノベーションコーチングをしてきました。するとお客様からの声もみるみる寄せられるようになりました。

たとえば、「本当は故郷の山の麓で、家族4人で暮らしたいけれど、現状では無理」と無気力になっている40代の男性が私のところに相談に来ました。1分間行動イノベーションを毎日実行してもらったところ、しばらくすると、彼がずっと押さえ込んできた思いがあふれ出てきたのです。そして1年後、彼は家業を継ぐために実家に戻ることになり、たった1年で夢を実現させました。

これはほんの一例にすぎません。

本書では、私がこれまで体得・実践してきたアドラー心理学の考え方をもとに、多くのクライアントさんから高い評価を得てきたアドラー心理学をベースにしたコーチングのノウハウとその実例を交えながら、

「行動がなぜ変わるのか？」
「行動がどう変わるのか？」

という具体的な方法論を、詳しく、わかりやすくお伝えしていきます。

大平信孝

第1章 「原因」を知るより「欲望」を知る

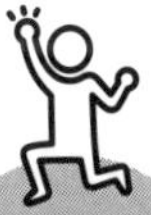

第2章 「欲望」からビジョンが生まれる

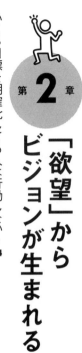

第3章 「1分間行動イノベーション」① セルフトーク

第4章 「1分間行動イノベーション」②
アクション

第5章

自分と仲良くなるための「1分間アドラーエクササイズ」

第6章

成功者に学ぶ、「行動」を加速させる方法

第１章を読む前のポイント

行動できない原因は無数にあります。

その原因を探そうとするよりも「どうすれば今よりも前進するか」を考えることが大切です。

そのキーワードは「欲望」。

第１章では「行動できない人の理由」と「行動するために必要なもの」について説明していきます。

第 1 章

「原因」を知るより「欲望」を知る

原因よりも目的を追求する

「よし今日こそやるぞ！」と決意して、やることリストを作ったらやる気も出てきた。そして、いざ行動しようと机に向かうところまでは、完璧な流れでできた。でも、気づいたらネットサーフィンをしていた。

「計画を立てるところまでは順調だったのに、なんでいつも自分は計画だけで止まって行動できないのだろう？」
「何がダメなのだろう？」

そんなふうに自分を責めてしまうことはありませんか？
実は、私もそうでした。

やっぱり、自分は他の人と比べて意志が弱いのかな……。

やっぱり、自信がないから動けないのかな……。

それとも、能力が足りていないからなのかな……。

そして、「自分が行動できない原因さえ取り除ければ、絶対行動できるようになるはずだ」と思い、**原因を特定する「原因探しの旅」に出るうちに、時間だけが過ぎてしまう。**そんな経験を、私自身何度も繰り返してきました。


あなたは、「アドラー心理学」という学問を知っていますか？

アドラー心理学とは、フロイト、ユングと並んで「心理学の三大巨頭」と称される、アルフレッド・アドラー博士（1870－1937）の創始した心理学です。

2013（平成25）年に出版された『嫌われる勇気』（ダイヤモンド社）という本を通じて、アドラーの名前を知った人も多いのではないでしょうか。

では、なぜアドラー心理学は、私たちに今も大きな影響を与え続けているのでしょうか？

それは、

「原因論＝なぜダメなのか？　どこがダメなのか？」

ではなく、

「目的論＝どうすれば今よりもっとうまくいくのか？」

を考え、実行する心理学だからです。

あなたを幸せにする考え方

「原因論」の代表的な考え方として、フロイトの唱えた「トラウマ」という概念があります。

フロイトと同時代を生きたアドラーは、この考え方を真っ向から否定しました。

たとえば、「今日の仕事でいい結果が出なかった。そういえば、最近仕事がうまくいってないな」と感じたとします。そのとき、フロイトなら「それは過去にトラウマがあるからだ。あなたは小さい頃、親から愛情をもらえなかった。そのトラウマを克服しない限り、あなたは何をやってもうまくいかないのだ」と言うでしょう。

けれども、アドラーは違います。

「トラウマなど存在しない。そんな**存在しないトラウマに縛られて、あなたは自分自身の人生を自分で決められる権利を手放すのか？**　あなたは本当にそれで幸せなのか？　あなたの仕事がうまくいかないとすれば、それには必ず目的がある。仕事がうまくいかないことで、たとえば、重い責任を負いたくない、部下の世話をしたくない、気楽に働いていたい、家でゲームする時間をしっかり確保したい、同僚に同情してもらえる今のままがいい、会社で目立ちすぎず程よい人間関係が保てるなど、何らかの目的を達成している。**もし本当に仕事でうまくいきたいなら、目的をはっきりさせること。**そして、どうしてうまくいかないのかではなく、どうなりたいのか、どうすればもっとうまくいくのか、だけに意識を向けるべきだ」と言うのです。

フロイトとアドラー。2人の違いを私なりの意訳で解説しましたが、果たしていったいどちらの考え方が、人を幸せにできるでしょうか？

私は、「どうすれば今よりもっとうまくいくのか？」に意識を向けるアドラー心理学のほうだと思っています。なぜなら、原因が特定されたところで、必ずしも行動できるようにはならないからです。

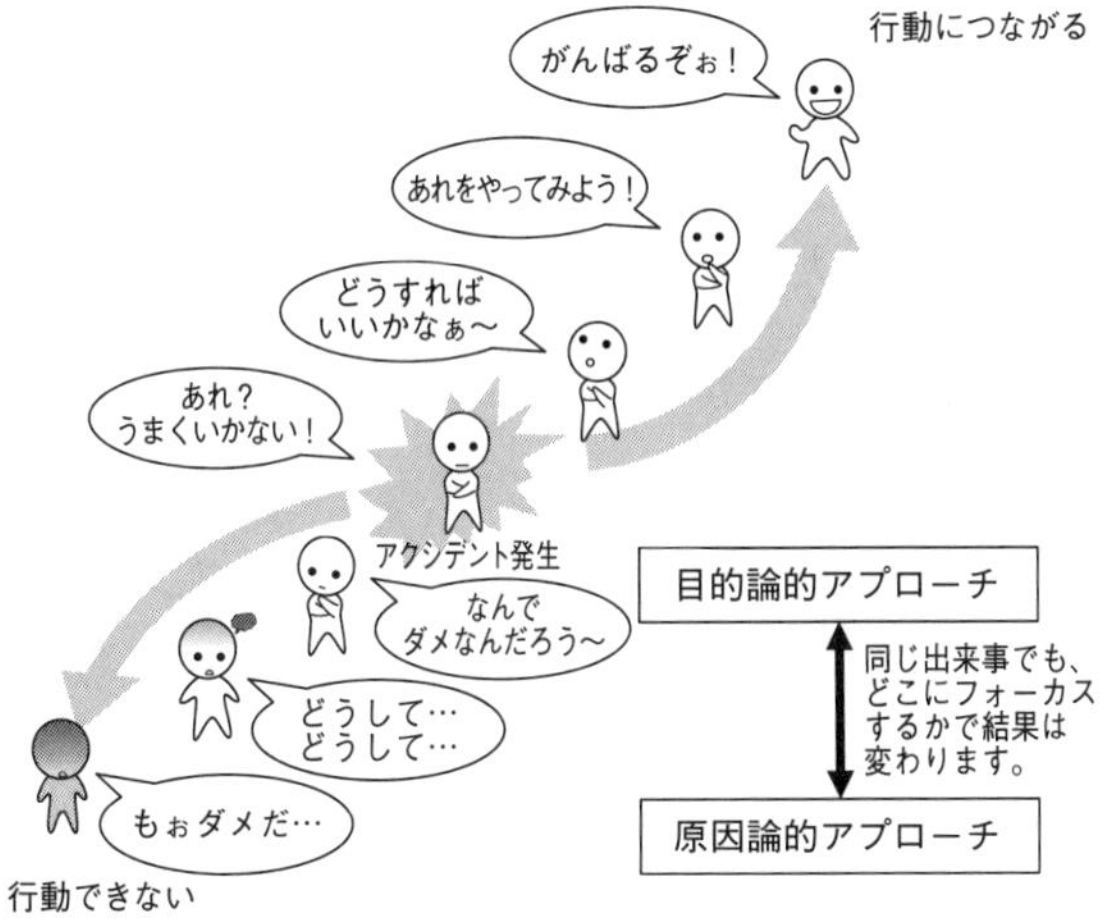

たとえば、あなたの仕事が最近うまくいっていない原因が幼少時のお母さんの育て方にあったとわかったとします。でも、あなたはもう大人になってしまっているわけですから、原因がわかったとしてもどうしたらいいのでしょうか？　お母さんのところに行って「あなたの育て方のせいで私は仕事が最近うまくいかないんだ。どうしてくれるんだ」と責めるのでしょうか？

仮にお母さんの育て方の問題が解決したとしても、実は、幼少期のお父さんとの親子関係の悪さも原因だったということもありえます。原因探しをすれば、小学1年生のときの担任の先生が厳しすぎた、中学年のときに友人関係がうまくいかなかった、高校の部活でいじめられていた、もともと何事も長続きしない飽きっぽい性格だった、兄との仲が極端に悪かった、育った地域の環境が悪かった……など、いくらでも出てきそうです。

そもそも、物事がうまくいかない原因は1つではなく、複数の原因が複雑にからんでいることが通常なのです。だから、物事がうまくいかない原因をすべて特定することは困難だし、仮に原因がすべて特定できたとしてもその原因を解決したり、取り除くことはさらに困難です。

原因にフォーカスすると、「過去は変えられないから、もうどうしようもない」という考えになりがちです。それよりも、**「何のために仕事がうまくいくようになりたいのか？」「どうしたら仕事がうまくいくようになるのか？」を考えたほうが、より早く人を幸せにする**のです。

アドラー心理学をベースにした行動イノベーションのメソッド

私が、アドラー心理学と出会ったのは、チームフローというコーチングスクールで学び始めたのがきっかけでした。

代表の平本あきおさんは、アメリカの心理学専門大学院でアドラー心理学を学び、修士を取得。そのアドラー心理学をベースにコーチングを教えている方だったのです。

当時の私は、大学を卒業して就職した後、いくつかの会社を転々としていました。

「こんなに会社を転々とするのは、もううんざり」と思いながら、転職をするたびに傷口に塩を塗るかのように「なぜうまくいかないんだろう」と自分自身を責めていました。

母子家庭で育ったこと、写真で見る以外の父の記憶がまったくないこと、ひとりっ子で育ったこと、経済的に恵まれていなかったことも、自分の中でかなり大きく影響していました。学校の成績が悪い、友達とうまくいかない……何かうまくいかないことがあると、「自分は他の家とは違うのだから」と思っていました。社会人になって数年経った頃も、上司との関係がこじれたり、仕事で成果を出せないときにはそういう思考をしていました。

そんな自分にとって、「どうすれば今よりもっとうまくいくのか?」に意識を向けるという考え方は衝撃的でした。そして、**今までに味わったことのない開放感でした。**

正直なことを言えば、平本さんがアドラー心理学をそれほど深く学んだ方だということをその頃の私は知りませんでした。

けれども、平本さんの教えに従い、ただひたすら「どうすればもっとうまくいくのか?」という問いを、自分自身に投げかけ続けました。そうしたことで、現在、プロコーチとしての私がいます。

「何がダメなのか?」を探すのではなく、「どうすればもっとうまくいくのか?」をクライアントと一緒に探して夢の実現を応援する——そんな毎日を送っています。

「人生を創るのは自分だ」とアドラーは言った

ある人がたずねました。

「人生の意味は何ですか？」

アドラーは答えました。

「一般的な人生の意味はない。人生の意味は、あなたが自分自身に与えるものだ」

〈『アドラー心理学入門』（ベスト新書／ＫＫベストセラーズ）１４７ページ〉

人生の意味は、あなたが自分自身に与えるもの――私はこの言葉が大好きです。

なぜなら、この言葉は私の気持ちをとても楽にしてくれたからです。

「自分自身で与えなければならない」と思えば苦しいものになりますが、「自分自身で与えて全然ＯＫ」という、軽やかなメッセージと捉えたのです。

あ、そうなんだ、自分で決めていいんだ。

そう思えたのです。

アドラーが発するメッセージは、他にもたくさんあります。

他人からどう思われているかを気にかけ、「嫌われたくない」という思いで生きるのは不自由なことだということ。

「わからない」「できない」を恐れる必要はないということ。

人間関係は優劣のある「縦の関係」ではなく、対等な「横の関係」であること……。

こういった言葉から得た気づきが、私にとっては「自分で決めていいんだ」ということでした。

「では、『自分で決めて行動する』ためには、まず何から大事にすればいいんだろう？」

自分なりにしっくりくる言葉を探し続けました。

その中で、私が見つけたキーワード。

それが**「欲望」という言葉**でした。

「欲望」とは いったい何か？

では、「欲望」とはいったい何でしょうか？

なぜ「欲望」が大事なのでしょうか？


「あなたは、今どんな欲望を持っていますか？」

と、聞かれたら、あなたはなんと答えますか？


そんなこと急に聞かれても、すぐには答えられない。

自分の「欲望」についてなんて、意識して考えたこともなかった。

「欲望」というと、悪いことのような気がして抵抗があって、考えられない。

私も以前はそうでした。アドラー心理学と出会う前までは、自分の「欲望」について考えるという発想がそもそもなかったのです。そして、自分の欲望ついて考えようとしても、当初はなかなかうまくいきませんでした。

なぜなら、欲望は悪いものだから考えてはいけないという思い込みや、自分の欲望を知ってしまったら抑制がきかなくなって暴走してしまうのではないかという不安があったからです。


実は、自分の欲望を正しく知るための、一般的には知られていない方法があります。**欲望は考えるものではなく、感じるもの。**それがわかったときから、私は自分の欲望にすんなりと向き合うことができるようになりました。


行動イノベーションのプロコーチとしての私は、

「欲望=頭の声、体の声、心の声」

と捉えています。

たとえば、あなたが「他にたくさんの仕事がある中、上司から急遽《きゅうきょ》頼まれた企画書を今日中に作って提出しなければならない状況」だとします。

そんなとき、あなたの「頭の声」「体の声」「心の声」は、どんなことを言っているでしょうか？

ここで少し「頭・体・心」の声に耳を傾けてみましょう。

「頭の声」はどうでしょう？

イヤだなあとは思いつつ、「他の仕事は後回しにして、企画書を作ろう」と言っていませんか？　そして「とにかく企画書を仕上げてしまえば楽になるはずだから、早くやればいいよ」と言っているようです。

「体の声」はどうでしょうか？

デスクワークのしすぎで、あなたの肩がバリバリにこっています。そして、あなたの体が「あぁ、疲れた。とにかく眠い。とにかく寝たい」と言っているようです。

「心の声」はどうでしょうか？

とにかくうんざりしています。「こういうパツパツ状態で仕事をするのはイヤだ。もう少し自分で時間をコントロールできるようにしたい」と言っているようです。

どうでしょうか？　これはあくまでも一例です。

けれども、体の声、心の声が「イヤだ」「避けたい」と思っているのにもかかわらず、頭の声に従い、企画書を作ろうとしている状況です。つまり、「2対1で『イヤ』」と言っているのに、やっているのです。

実際、私は行動イノベーションのコーチとしてたくさんの人と接してきましたが、**「頭の声」だけに従って生きている人が非常に多い**のです。

「頭の声」に従っているというよりも、

・「体の声」や「心の声」があること自体を知らない
・「体の声」「心の声」と「頭の声」が違うことを言っていることを知らない

という人がたくさんいるのです。

では、あなたに質問です。
次のページの質問表を見て、自分に質問してみてください。

心と体の声を聞く4つの質問

1 あなたの「体の声」は今なんと言っていますか?

疲れている?　心地よい?　体力に満ちあふれている?
熱い?　寒い?　今感じていることが大切です。

---

2 あなたの「体の声」に従って、この後どんなことをしたらさらに楽しくなりますか?

お風呂に入る?　ゆっくり眠る?　体を動かす?
おいしいものを食べる?

---

3 あなたの「心の声」は今なんと言っていますか? 今、どんな気持ちですか?

緊張してドキドキしている?　イライラしている?
期待でドキドキしている?　ソワソワしている?
不安でモヤモヤしてイヤな気持ち?　希望に満ちている?
満たされてうっとりしている?　ゆったりとくつろいでいる?
今の気持ちが大切です。

---

4 あなたの「心の声」に従って、この後どんなことをしたらさらに楽しくなりますか?

手を止めて深呼吸してみる?
不安を全部書き出してみる?
これから起こりそうな楽しいことを考えてみる?
ひとりになれる場所に移動する?
誰かに今の自分の気持ちを話してみる?

どうでしょうか？


「体力に満ちあふれている」↓「体を動かしたい」。

「疲れている」↓「眠りたい」。

「うれしい」↓「友達とわかちあいたい」。

「イライラしている」↓「一度、しきり直したい」。


さまざまな答えがあると思います。

それは、**体の声や心の声が発している「欲望」です。**

ですが、毎日の生活の中で、「体の声」や「心の声」に意識を集中し、その声を聞き取ろうとしている人は意外と少ないのです。


私が、行動イノベーションのコーチとして行う重要なプロセスの1つ。それは、「クライアントの本当の『欲望』は何なのか？」をクライアントと一緒に探求するこ

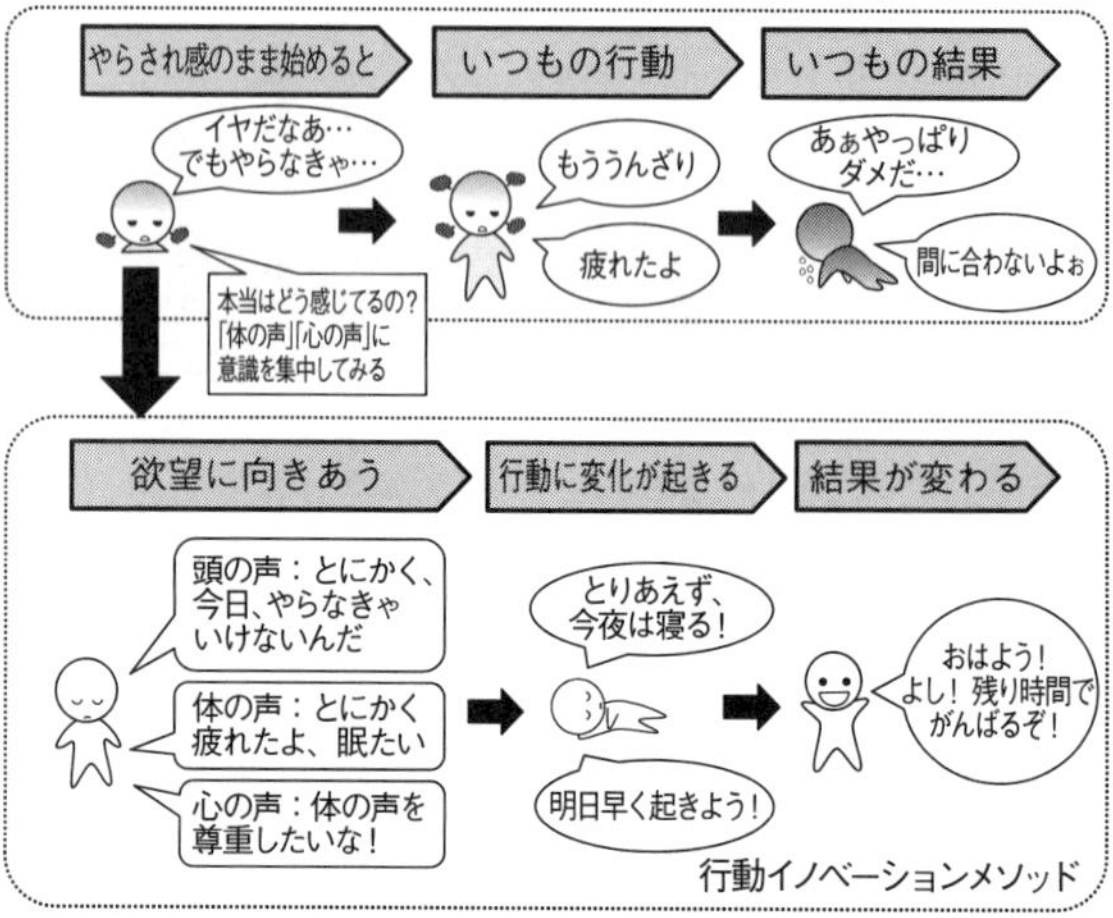

とです。

「欲望」という言葉に対するイメージはいろいろあるでしょう。

「欲望」という言葉を聞いて、「持ってはいけないもの」と感じる人や、「コントロールできないもの」と恐れる人もいるかもしれません。

けれども、「欲望」に不安や恐れを抱く必要などありません。「欲望」というものを、自分にとって都合の良いものに解釈していただいてかまわないのです。

「今日はちょっとリッチなランチが食べたい」――それも欲望です。

「お金が有り余るほどあるなら、ハワイに別荘を買ってみんなでパーティーをしたい」――それも欲望です。

すべては「『欲望』は何なのか？」を知ることから始まります。

あなたが行動しない理由を見つけるのは簡単

あなたが、「行動しない理由」を探すのは、非常に簡単です。

ここでは行動に移さない人たちの、いくつか代表的なタイプについて解説してみましょう。

1 ▼「言い訳系」

「時間がないから今はできない」「お金がないからできない」「自信がないからできない」「やったことがないからできない」「準備が整っていないからできない」「能力がないからできない」「意志が弱いからできない」など、「〜だから（その理由があるから）できない」を見つけ、行動しないタイプです。

2 「心配系」

「失敗したらどうしよう」「続かなかったらどうしよう」「これが原因で失業してしまったらどうしよう」「家族に迷惑をかけてしまうかもしれない」「もし何の成果も出せなかったらどうしよう」など、うまくいかないイメージが先行して足が止まってしまうタイプです。

3 「あきらめ系」

「この歳で今さら始めるなんて……」「昔とは体力が違うんだから……」「あと10年早かったらよかったのに……」など、もう遅いという理由で行動しないタイプです。

4 「学び足りない系」

「実践するにはまだ学び足りない」「アレは学んだけど、まだコレは学んでいない」「もっと技術を身につけてからのほうがいい」と言って、「実戦」には挑まず、ずっと学び続けるタイプです。

5▼「アレもコレも系」

「やりたいことがたくさんある」と言いながらも、何からどう手をつければいいのかわからず、どれに対しても行動が起こせずにいるタイプです。「やりたいことがたくさんある」という状態に満足していたりします。

6▼「すぐやめちゃう系」

1回やってみてうまくいかないと、「自分にはこれは向いていないんだ。他にもっと楽にうまくできることがあるはず」と思い、すぐにあきらめてしまうタイプです。常に「もっと楽にうまくいくことはないか？」とアンテナを張っていて、初動は早いけれど、あきらめるのも早いです。

7▼「本気出せばできる系」

チャレンジがうまくいかないこと、初心者であることに耐えられないタイプです。

「本気を出せばできる。でも本気でやらないからできていないだけ」という考え方をします。

8 「依存系」

「Aさんに言われたから始めてみたんだけど、Bさんに聞いたらそんなの必要ないと言われたから……」など、人に言われて始め、人に言われてやめるタイプです。何かを始めてしっくりこないことがあると、「やらなくていい」と言ってくれそうな別の人のところに相談にいって、やめてしまいます。

9 「人の目が気になる系」

失敗して人前で恥をかきたくない。「こんなことをしたら、バカにされないだろうか」「○○さんから、やっぱりダメな奴だと思われたくない」など、他人からどう思われるかが気になって行動が起こせずにいるタイプです。

と、ここでは特に代表的な9つのタイプを例に挙げてみましたが、このように「行動しない理由」はさまざまです。あなたはどのタイプですか?

では、本書は、9つのタイプ別にそれぞれ対処法を紹介するのか? となりますが、そうではありません。

「行動しない理由」は、人それぞれですが、**タイプの違いに関係なく、「行動できるようになる」ための方法は1つです。本書ではその提案をしていきます。**

キーワードは、ズバリ「欲望」です。

実はここに、アドラー心理学をベースにした、私の行動イノベーションコーチングの特長があります。

「あなたはなぜ行動できないのか? 具体的にはどのタイプなのか?」は、アドラーの考え方に従えば、それは「原因」に過ぎません。

アドラーは「原因などどうでもいい」と言っています。それよりも大切なのは「今より前進するにはどうすればいいのかだけを考えること」と言っているのです。

私もまったく同感です。

「原因探し」が必要なときもあります。ですが、「本気で変わりたいけれど、なかなか行動できない」と悩んでいる方にとって、まず必要なのは、「原因」よりも「欲望」なのです。

欲望に素直になると、人生は変わる

そんなふうに断言しながら、私も一時期は「クライアントさんの性格やタイプ別に行動を促す方法を考えたほうがいいのかな」と思った時期がありました。

ですが、性格やタイプ別に行動を起こす方法を変えても意味がないということがわかりました。

なぜなら、**ほとんどの「行動できない人」が、時間がないし、面倒くさがりだし、過去に手痛い失敗した経験もあるし、意志もそれほど強くはないからです。**

「原因」に意識を向けることで、いかに人間の行動がさまたげられるのか。

こんなたとえ話を聞いたことがあります。

「朝、クルマで出かけようとしたら、走りがいつもと違う気がした。エンジンをチェックしたところ、少しおかしかったので修理した。すると、ブレーキも気になってしまった。ブレーキをチェックして安全を確認したものの、今度はラジエーターが気になってしまった。……そして結局、ドライブに行かなかった」

この話を聞いて、「そんなに『良くないところ』ばかり探してどうするんだよ」と思う人も多いのではないでしょうか？

ところが、人は普段の生活で、**「自分の良くないところ探し」「自分の万全でないところ探し」をして毎日を生きている**ことがとても多いのです。

そんなところにばかり目を向けて、せっかくのドライブができないなんて、もったいないですよね？　あなたはどうですか？

Ⓐこれまでの人生で自分のうまくやれたことを思い出したり、自分の良いところを自分自身で認める時間。

Ⓑこれまでの人生で自分がうまくできなかったことを思い出したり、自分のダメなところを自分自身でダメ出しする時間。

Ⓐと Ⓑ、どちらの時間が長いでしょうか？

行動イノベーションのメソッドを実践すれば、あなたが向ける意識の対象がそれまでとまったく変わります。

そして、行動に大きな変化が訪れます。

私がコーチングをしたクライアントの中に「本当は故郷の山の麓で、家族4人で暮らしたい」という40代の男性がいました。

「でも、故郷には家族を養えるような仕事がない、小学校に通っている子どもたちを転校させてまで行くのは気がひける、東京出身の妻があまり乗り気でない……東京での生活が長くなればなるほど、故郷に帰るなんて無理だと思えてきて、仕事にも力が入らない」とのことでした。

そこで私は、**「頭の声が言っている『できない理由』を探すのは一度脇に置いて、体の声と心の声を聞くことから始めましょう。そして、どんなに小さいことでもいい**

から今すぐできることから、やっていきましょう」と伝えました。

今までなるべく聞かないようにしていた「体の声」と「心の声」に耳を傾けてみると、「裏山を毎朝子どもたちと一緒に歩きたい、帰りの渋滞を気にしないで川釣りをしたい、窓から裏山が見える場所で暮らしたい……」。ずっと押さえ込んできた思いがあふれ出てきたのです。

そして、脱力感、無力感が消えていき、仕事に集中できるようになっただけでなく、毎月一度家族を連れて故郷に帰る体力、気力が出てきたそうです。

1年後、彼は家業を継ぐために実家に戻ることになりました。「ノブさんのおかげです。あのとき、体の声と心の声を聞くことを教えてもらっていなかったら、今の私はないです」とメールをもらいました。

あなたも、原因探しをやめて、まずは、今のあなたの「体の声」と「心の声」を聞くことから、始めてみませんか。

第２章を読む前のポイント

どんな欲望を口にしてもかまいません。

逆に欲望を基に目標を立てないから、楽しくない、行動しないのです。

欲望からスタートしたビジョンはやがて善きビジョンとなり、他者貢献につながります。

第２章では「欲望とはなにか」「どうやって欲望を見つけるのか」について紹介していきます

第2章

「欲望」から
ビジョンが
生まれる

いくら目標を明確化しても人は行動しない

第1章で、「欲望」が重要なキーワードであるという話をしました。

このお話をすると、「『欲望』というのは、要するに『目標』のことですよね？　それなら長期目標、中期目標、短期目標をしっかり立ててやっていますよ」と答える方がいます。

けれども**「欲望」と「目標」は、別物です。**

「行動できないのは『目標』が明確でないからだ」と考える人が多いようです。

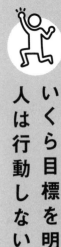

そして、目標の細分化・明確化に必死になる人もいます。

たとえば、「1年以内にＴＯＥＩＣのスコア８００点突破」を目標としている人の場合、「次に受けるテストでまずは700点を目指し、その翌月のテストで720点を目指し……」と細分化してみたり、英語のテキストを1日5ページずつやるという日々の目標を立ててみたりするといった具合です。

ところが、目標の細分化・明確化というところまではすぐに行動できても、いざ本番の英語の勉強となると、進まなかったりするのです。

特に、生真面目な人にこの傾向があるようです。

なぜ、いくら目標を数字で明確にし、さらに細分化しても行動しないのでしょうか?

そこには「欲望」がないからです。

楽しくないからです。

あなたの「体の声」「心の声」「頭の声」がそれをやりたいと思っていないからです。

あなた自身の深層部分では、1年以内にTOEICを800点突破しようがしまいが、どうでもいいと思っているのです。TOEICで800点突破というのは、単なる数値目標。その目標は、あなたの心を躍らせないのです。

だから行動しないのです。

「行動できない」のではありません。

実は、「行動しない」「行動したくない」だけなのです。

欲望を知ると行動できる

行動はできないのではなく、しないだけということを理解することはとても大切です。

ここに大きなカギがあります。

人は、**「自分が本当にやりたいことならいくらでもがんばれる、続けられる、成長できる」**という性質を持っています。

たとえば、けん玉。私は小学校の授業が終わり宿題をしたら、ひたすらけん玉の練習をしていた時期がありました。２００回でも３００回でもひたすら練習をしていました。けん玉の練習をしても、１時間やったら時給１０００円になるとか、誰かに褒められるといったことは、ありません。でも、ただひたすらけん玉がうまくなりたくて、やっていたのです。

脳科学の世界では、私が本書で述べている「欲望」を「ワクワク」と表現することが多いようです。

脳には大脳辺縁系という本能行動や情動に重要な役割を担っている古い脳と、この大脳辺縁系の上に新しい脳、大脳新皮質があります。

古い脳は生命維持のために働き、感情と行動を司《つかさど》る。新しい脳は、状況に応じて適切な行動をするために高度な学習能力があり、言語を司るが行動は司らない。つまり、いくら目標を明確化しても、言葉レベルでの目標であれば行動へはつながらないのです。「わかっちゃいるけどできない」というのがこの状態なのです。

行動したいなら、感情と行動を司る古い脳にアプローチする必要があります。**「欲望」という自分の情動を使えば、いつでも自在に自分の脳にアプローチができます。**だからこそ、まずは「自分の『欲望』が何なのか?」を知ることから始めるべきなのです。

「欲望」の先に「ビジョン」が生まれる

人が、劇的に行動し、そして大きな成果を上げるうえで最大のカギとなるもの。

それは、**「欲望」からスタートして作られた「ビジョン」**だと私は思っています。

「ビジョン」という言葉を、日本では「経営理念」などと解釈することが多いようですが、私の言いたい「ビジョン」はもっと英語に忠実なものです。

たとえば、テレビはテレビジョン（television）と言いますよね？

それと同じで、どこに誰がいて、その人が何をしていて……ということが鮮明な映像になっている――という意味で「ビジョン（vision）」という言葉を使っています。

「欲望」からスタートして作られた「ビジョン」――この話をすると、多くの方がこう思うようです。

「『欲望』は卑近なものの気がする。『ビジョン』は崇高なものの気がする。『欲望』と『ビジョン』はまったく別々なもので、同一線上にあるなんて考えられない」

それは大きな間違いです。むしろ、「欲望」から始めないから、感情がともなわず、魂の入らない「ビジョン」ができてしまうのです。

「欲望」を洗いざらい挙げていく。そして、どんどんつなげていく。

すると、自然とビジョンができ上がっていきます。

では、どうすれば、自分の「欲望」を知ることができるのか？
どうすれば、その「欲望」をもとに「ビジョン」を作っていけるのか？
しかも、たった1分間という短い時間の中で。
その詳しい方法については、後述します。

「欲望」からスタートして作られた「ビジョン」があなたの行動を変える——まずは

そのことを理解しておいてください。

子どもの頃は誰もが「ビジョン」を持っていた

では、私たちは「ビジョン」を持っていなかったのでしょうか？

そんなことはありません。

実は、**子どもの頃は誰もが「夢」という名の「ビジョン」を持っていた**のです。

・サッカー選手になってワールドカップに出場したい
・パティシエになって、世界一おいしいケーキを作りたい
・お医者さんになって、不治の病をなくしたい
・電車の運転手になってたくさんのお客さんを運びたい
・結婚して幸せなお嫁さんになりたい

など、あなたも小学校入学前後には夢を抱いていたはずです。

しかも、「その夢はかなり鮮明なものだった」という人も多いと思います。

たとえば、電車の運転手。「僕はJR中央線の車両の運転手になるんだ。かっこいい制服を着るんだ。電車がガタゴトと音を立てながら出発して、御茶ノ水駅や、三鷹の駅を通過して、高尾駅と東京駅を毎日行き来するんだ」といったように、リアルな場面とともに、将来の自分の姿を思い浮かべていた人がたくさんいたはずです。

そして、その場面が現実になることに、とてもワクワクしていたはずです。そこには計算や打算はありません。ただひたすら、**「体の声」や「心の声」に素直なだけです。**

これこそが、私の言う「ビジョン」です。

けれども、いつの間にか、その「ビジョン」が消えたりしぼんだりしている人が多くいます。

大人に「あなたのビジョンは何ですか？」と聞くと、「まあ、このまま今の仕事で定年退職まで行ければいいかな」「30代のうちに結婚して子どもだけは産んでおきたいかな」「今の会社で課長になることかな」「首都圏に家を持てればいいかな」など、いつの間にか「ビジョン」がとても小さくなっています。

なぜなら、「うまくいかない理由」をすぐに見つけ出してしまうからです。

「（今の会社で社長になりたい……でも）ライバルが多いから課長止まりかな」

「（東京の持ち家の他にハワイに別荘を持ちたい……でも）今の稼ぎからすると無理かな」

こんなふうに、**あなたの心に「欲望」が一瞬芽生えたとしても、すぐに打ち消してしまうのです。**

もしも、あなたが幸せになりたいと望むなら、子どものときのように「欲望」からくる「素直なビジョン」をもう一度持つことから始めましょう。

「欲望」はドロドロ、ギラギラでいい

もう1つ、大人が「欲望」に向き合わなくなる理由があると私は感じています。

それは、「**『欲望』というと、なんだかドロドロ、ギラギラしている感じがする。**そんなものを今さら知ろうとするなんて、大人としていかがなものか」という考え方です。

・有名になりたい
・お金持ちになりたい
・お金を湯水のごとく使ってみたい
・異性にモテたい
・みんなから賞賛を得たい

・おいしいものをお腹いっぱい食べたい
・フェラーリに絶対乗りたい
・ロレックスを買いたい
・都心の一等地のタワーマンションの住人になりたい
・世界一周クルージングの旅に行きたい
・失敗したくない、恥をかきたくない、負けたくない、バカにされたくない、かっこ悪い姿を見せたくない
・自分をバカにしたあいつを見返してやりたい
・大嫌いなあいつにだけは負けたくない
・お母さんに大好きだよと言ってもらいたい
・お父さんにお前なかなかいい仕事するなと認めてもらいたい
・妻に大事にされたい、夫に優しくしてもらいたい
・子どもに尊敬される親でいたい

あなたも、口にこそ出さずとも「欲望」があるはずです。それを否定しないでください。

どんなにドロドロ、ギラギラしていてもいいのです。

まずは自分の「欲望」を知り、否定せずに受け入れてください。

安心してください。

決して、ドロドロ、ギラギラのまま終わることはありませんから。

ギラギラの「欲望」は必ず「善きビジョン」に変わる

では、なぜ人は「欲望」を追い求めていっても、ドロドロ、ギラギラのまま終わることはないと言い切れるのか？

アドラーの教えの中に、その答えがあります。

アドラーが挙げた「幸福の３条件」というものがあります。

人が幸福であるためには、３つのことが必要だとアドラーは言っています。

①自分を受け入れていること

②他者を信頼していること

③他者に貢献していること

この３つです。

人間は、幸福を求める生き物です。

人間が幸福を追い求めて「欲望」をどんどん追求するということは、すなわちこの3条件を追求するということだと私は思っています。例を挙げましょう。

・**有名になりたい【欲望】**
←
（Q　有名になって何をしたい？）
←
・**有名になって人前でしゃべりたい**
←
（Q　何をしゃべりたい？）
←
・**みんなが喜んでくれることをしゃべりたい【他者貢献のビジョン】**

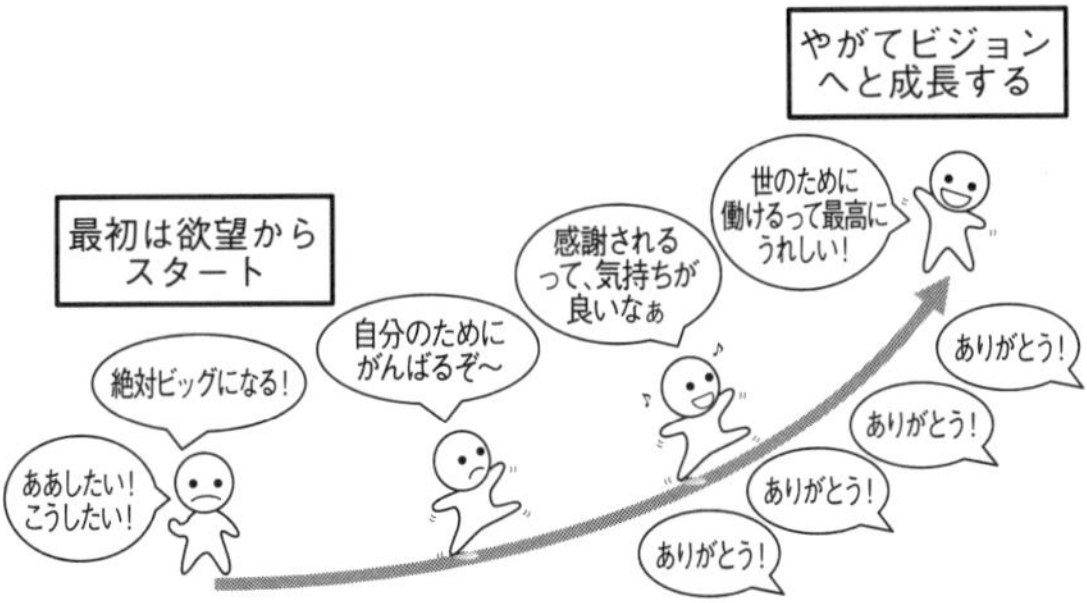

たとえばこんなふうに、「欲望」を具体的にしていくと、その先には必ず「他人のために何かをしたい」という「他者貢献のビジョン」があるものです。

でも、スタート地点は「欲望」なのです。

「欲望」があるからこそ、出発できるのです。

「欲望」がなければ、スタート地点がないわけですから、出発できません。

いくらドロドロしていても、どんなにギラギラしていてもいいのです。

あなたの「欲望」の半歩先には、必ず「善きビジョン」があるのですから。

「善きビジョン」の重要性は、今さら言うまでもありません。

世界の課題を解決する優秀なリーダー、多くの人に喜ばれる企業の経営者、子どもたちに夢を与え続けるトップアスリートやトップアーティスト……彼らは例外なく素晴らしい「ビジョン」を持っています。

松下幸之助さんは、「水道哲学」という言葉で、そのビジョンを語りました。「産業人の使命は貧乏の克服である。水道水を飲んでも誰もとがめられないのと同じように、低廉な価格で物を買える時代を創るのだ」と言いました。

松下さんがこの言葉を発したのは、1932（昭和7）年のこと。日中戦争が始まり、国内の物資が不足していた状況でした。松下さんは「この世の中を平和にするために何ができるか」を考え、決意の表れとして「ビジョン」を掲げたのでしょう。

「善きビジョン」は人を行動へと導き、さらには、その実現へとつながっていくのです。

自分と〝仲良くなる〟ことで、真の「欲望」が見えてくる

さて、次の第3章では、いよいよ「たった1分間で、あなたの未来を変える方法」を具体的に解説していきます。

実践編に入る前に、いくつか伝えておきたいことがあります。

それは、

「自分の『欲望』を知るには、『自分と仲良くなる感覚』がとても大切」

ということです。

では、自分と仲良くなる感覚とは、どういうことでしょうか？

アドラーは「幸福の3条件」の中で、①自分を受け入れていること、②他者を信頼していること、③他者に貢献していることの3つを挙げました。

自分と仲良くなるとは、この①に関連しています。

アドラーは「自分を受け入れる」という表現をしていますが、私なりの表現にすると「**自分と仲良くなる**」というほうが、よりしっくりくるのです。

それは、こんな感覚です。

あなたが2人いるとします。そして、あなた（A）の感情、行動、思考すべては、もうひとりのあなた（B）の指令どおりに反応していると思ってください。

Bのあなたが、「頭を抱えろ、眉間にしわを寄せろ。そして、『自分はなんてダメなんだろう』と嘆いて、自分自身を責めろ」という指令を出したとします。

すると、Aのあなたは頭を抱え、眉間にしわを寄せながら、「自分はなんてダメなんだろう」と嘆きます。

どうですか？

Bのあなたが Aのあなたに出している指令は、いじめグループのボスがいじめられっ子に出している指令とまったく同じ構造ではありませんか？

自分と仲良くなっていない状態、つまり、自分に「ダメ出し」をしている状態とは、こういう状態なのです。**他でもないあなたが、あなたをいじめている状態なのです。**

このような状態で「自分は何がしたいんだろう？」という「欲望」に向き合い、その「欲望」を広げていったり、深めていったりすることは難しいのです。

なぜなら、自分の話を聞いてもらえないと思ったり、受け入れてもらえないと感じたら、人は本当のことは話しません。脅されたり、否定されたり、批判されたりしている場面では、人は本音を言ったり、自分に素直になることはできないのです。そして、余裕がないときには、目の前の苦痛を回避することだけを考えるため、自分の欲望と向き合うことはできないのです。

だからこそ、**まずは自分自身に余裕を作ることがとても重要なのです。**

そのために覚えておいてほしいのが「自分をいじめない。自分と仲良くする」という感覚です。

自分と仲良くなる対話「Yes, And」

では、どうすれば「自分と仲良くなる」ことができるのでしょうか?

コツがあります。

それは、「Yes, But」ではなく、「Yes, And」で自分自身とコミュニケーションを取るのです。


「Yes, But」というのは、「それはわかった。しかし……」という話法です。この「しかし」のひと言が、現状を否定する姿勢、原因を追求する姿勢を象徴しています。この話法のクセを変えない限り、「ダメ出し」への意識は変わりません。

それに対して、「Yes, And」は、「**現状はわかった。それで、さらに……**」という話法です。現状を決して否定しません。そのうえで「**どうしたら今よりもっとよくな**

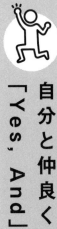

るだろうか？」に意識を向けます。この話法のクセをつけることこそが大切なのです。

人と話すときに、「だが」「しかし」を使わない。
そして、「そして」「さらに」を使うようにする。

……そうオススメしたいところですが、これはかなり上級編です。
まずは、自分自身に、「Yes, And」を使うようにしましょう。

これは「自分と仲良くなる」ことでコンサルタントとして活躍の場を広げた、私がコーチングした30代後半の男性のケースです。
その男性はコンサルタントとしての経験が10年近くあり、キレのある具体的なアドバイスはありがたがられるものの、クライアントが萎縮したり落ち込んだりしてしまい、数カ月で契約を打ち切られてしまうということで悩んでいました。「実績に基づいた論理的な私のアドバイスのおかげで成果が出ているのに、なぜお客さんが離れていくのか理解できない」とのことでした。

話を聞いていくと、「おまえは、まだまだダメだ」「もっと気合いを入れろ！」と常に自分に「ダメ出し」をしていることに気づいたのです。そして、「私が言ったことをもっと本気でちゃんとやらないと、うまくいきませんよ」「この程度でやった気になったら困ります」と、無意識にクライアントにも「ダメ出し」をしまくっていたことにも気づいたのです。

そこで私は「自分と仲良くなる」方法について話し、まず、「自分に対して、『そして』か『さらに』という接続詞しか使わないということから始めてみましょう」と提案しました。彼は、自分自身に「ダメ出し」をしなくなったら、「これでいい」と現状に満足してしまい努力しなくなって、成長しなくなるのではと不安に思ったそうです。**それでも、自分にダメ出しをすることをやめました。**そして、疑問や不安に対しても「自分は、そう思っているんだね」と一度受け入れ、「そのうえで、自分はどうしたいんだろう?」と聞けるようになったのです。

1カ月続けると、いつもイライラしていたのが、気持ちが穏やかになり、自分に優しくなれたそうです。「自分と仲良くする」という感覚がつかめたのです。すると、クライアントから「実は……」と身の上話をされたり、相談を持ちかけられたり、本音を話してもらえるようになったそうです。彼もクライアントも本音で付き合えるようになったとき、今までにない成果が生まれ、自然と契約更新が続くようになりました。**「自分と仲良くなる」ことができたとき、驚くほどあっさりと彼の思いは実現しました。**

「今の自分」を自己採点する

「Yes, And」を具体的に行うための方法について、この章の最後に触れておきます。

これは、私がクライアントとのコーチングセッションの中で実際によく使っている手法です。

それは「**今、何点？**」というものです。

専門用語では、これを「スケーリング」と呼びます。

ここであなたに3つの質問をします。

次のページの3つの質問をご覧ください。

「Yes, And」を実践する3つの質問

1 あなたの今の状態は、10点満点中何点ですか？

体の状態と心の状態に分けて、フィーリングで結構ですので、下記の目盛りに○をつけてみてください。

体の状態

1　2　3　4　5　6　7　8　9　10

心の状態

1　2　3　4　5　6　7　8　9　10

---

2 なぜその点数が入っているのでしょうか？

「点数が入った理由」、たとえば10点満点中3点だったとしたら「7点足りない理由」について考えるのではなく、「3点入った理由」だけに意識を向けて、その理由を考えます。

---

3 その点数をあと1点上げるには、どうすればいいですか？

たとえば10点満点中3点だったとしたら、4点にするには何をすればいいでしょうか？　その行動を考えます。

どうでしたか？　点数の高い・低いは、気にしなくていいです。それが何点であっても、入っている点数を自分自身で認めましょう。そして、10点に満たない原因を探すのではなく、今点数がついている中身に目を向けていきましょう。

もし0点の場合は、マイナスでない理由を考えればＯＫです。マイナスを付けた方は、マイナス100でない理由を考えましょう。そのうえで、今の点数を1点アップするための方法を考えればいいのです。

これが「自分と仲良くなる」感覚、「Yes, And」の感覚です。

水が半分入っているコップを見て、ある人は「水が半分しか入っていない」と思い、ある人は「水が半分も入っている」と思います。

これは有名なたとえ話ですが、「しか」でも「も」でも、どちらでもいいのです。

どちらでもいいのだとしたら、**「水が半分も入っている」と思えたほうが、物事が進んでいく**のです。

では、この「自分と仲良くなる」感覚、「Yes, And」の感覚を持って、「欲望」を「ビジョン」に変え、「行動」をイノベーションする実践編の第3章へ進みましょう。

第３章を読む前のポイント

自分と仲良くなるには、身近な時間でも、毎日自分に問いかけることが重要です。

その繰り返しで、自分が本当はどうしたいかがわかるようになっていきます。この習慣であなたの欲望は明らかになってくるのです。

第３章では１分間の行動イノベーションのうちの「50 秒のセルフトーク」について紹介していきます。

第 3 章

「1分間
行動イノベーション」①
セルフトーク

なぜ「1分間」なのか？ そこには2つの理由がある

それではいよいよ「たった1分間で、あなたの未来を変える方法」について具体的に解説していきましょう。

まず「1分間」という時間について解説します。

はじめに、なぜ「1分間」なのか？

それには2つの理由があります。1つは、**「たった1分間で十分」**という理由。もう1つは、**「たった1分間だから続けられる」**という理由です。

これからみなさんに行ってもらいたい「1分間行動イノベーション」は、毎日ほんの少しでもいいので、とにかく毎日続けてほしい習慣化プログラムです。

「たった1分で何が変わるのか？」という疑問を抱く読者の方も多いかもしれません。

そんなとき、私がいつも話すのは、チームフローというコーチングスクールで講師を務め、私にコーチングを指導してくださった宮越大樹さんの言葉です。

それは「東京からロンドンに向けて出発した飛行機が、たった1度違う角度で飛び続けた場合、どこに到着すると思いますか？　答えはバグダッドです」というものです。


たった1度の微妙な角度の違いなどは、実際に目で見てもわかるものではありません。けれども、**たった1度でもズレたままその行動を続けていくと、その結果は大きく違っていきます。**

これは、逆の面からも言えます。ほんの少しの時間で行う習慣でも毎日続けることで、とてつもなく大きな効果を生むということです。

大リーグで今も活躍するイチロー選手が「小さいことを重ねることがとんでもないところに行くただ1つの道だ」という名言を残していますが、これは行動イノベーションに通じる言葉です。

なぜなら、「1分間」という小さな時間を「積み重ねる」ことこそが、「とんでもないところに行く」方法なのですから。

では、1分間という時間は、日常の中でどれほどの長さの時間なのでしょうか？

たとえば、テレビ番組の途中にコマーシャルタイムがありますが、これがだいたい1分30秒です。また、朝の情報番組で12星座の占いコーナーがありますが、これを第1位から最下位まで見ているとだいたい1分です。どんなに忙しい人でも、たった1分という短い時間を捻出できないという人はいないはずです。

つまり、**誰もが「忙しくてできない」という理由で中断することなく、簡単に続けられる時間。それが「1分間」なのです。**

「1分間行動イノベーション」は2つのパートに分かれている

「たった1分間」という時間で行う「1分間行動イノベーション」ですが、実は50秒と10秒の2つのパートに分かれています。

それは、

「50秒セルフトーク」と**「10秒アクション」**の2つです。

この章ではまず「50秒セルフトーク」の重要性やコツについて解説し、次章で「10秒アクション」の重要性やコツ、そして2つをトータルした「1分間行動イノベーション」のワークについて解説したいと思っています。

それでは、「50秒セルフトーク」について解説していきましょう。

セルフトークとは、文字どおり自分との対話という意味です。
なぜ、このセルフトークが大事なのでしょうか？

それは、**「自分とのコミュニケーション」**だからです。

元アメリカ大統領のビル・クリントン、故ロナルド・レーガン大統領、投資家ジョージ・ソロス、テニスプレーヤーのアンドレ・アガシ、ハリウッド俳優アンソニー・ホプキンスなど、世界の超ＶＩＰをクライアントに持つアンソニー・ロビンズというコーチがいます。この人が「人生の質はコミュニケーションの質で決まる」という主旨のことを言っています。

それはどういうことか？

良いコミュニケーションを取れば、いい人生が送れる。

悪いコミュニケーションを取れば、悪い人生になってしまう。

ということです。

実際、さまざまな世界で成功を収めている人たちは、**毎日の習慣として質の高いセルフトークを行っています。**

けれども、残念ながらそれ以外の人たちで、「自分と良いコミュニケーションを取る」という意識を明確に持って、毎日セルフトークを行っている人はなかなかいません。

逆に言えば、成功者とそれ以外の人たちとの大きな違いは、「自分と良いコミュニケーションを取っているかどうか」になります。この、たった1つの違いが、大きな差を生んでいるのです。

良いコミュニケーション、悪いコミュニケーションとは？

では、良いコミュニケーション、悪いコミュニケーションとは何でしょうか？

たとえば、眠る前に、あなたがあなた自身に「あぁ、明日はやることがいっぱいだな。午後から会議が３つもあって、そのための資料を朝イチで作成しなきゃ。もう会社に行きたくないな……」と語りかけたとします。

これは、良いコミュニケーションでしょうか？

正解は「どちらでもない」です。

脳の大きな特徴は、良いイメージ、悪いイメージに限らず、それをただ忠実に現実化しようとするところにあります。そのため、「やることがいっぱい……会社に行きたくない……」という感情を何度も繰り返すと、それを「あ、そうなんですね。じゃあ、会社に行かない方向で」というふうに行動させてしまうのです。脳は、良い・悪いを判断することなく、**「あなたの言われたままにやりますよ」という〝軽い〟スタンス**でいます。

つまり、あなたの思うことが何であれ、「それならばそれを実現する方向で動きますよ」といって、実際にそれが実現するように動いていくだけなのです。

「やることがいっぱい……会社に行きたくない……」というコミュニケーションが、あなたにとって良いコミュニケーションか、悪いコミュニケーションか？

その判断は実はあなたにしかできません。

たとえば、あなたの心と体が悲鳴を上げていて、「もう会社を辞めるべきときだ」という状態なら、それはあなたにとって良いコミュニケーションかもしれません。けれども、今は少し我慢してでも何か1つの技術やノウハウを習得すべきときなら、それはあなたにとって悪いコミュニケーションかもしれません。

すべてはあなたが決めることなのです。

「50秒セルフトーク」で行う たった1つのこと

ここで、「50秒セルフトーク」の内容に戻ります。

「50秒セルフトーク」で、いったい何をするのか？

それは、たった1つです。


「本当はどうしたい？」

これだけを、自分に問いかけるのです。


「本当はどんなふうだったらうれしい？」

「本当はどうなればいい？」

「自分が本当に求めているものは何？」

「本当は何をしたい？」

「本当はどうなったらいい？」

表現は、あなたがしっくりくるものを選べばいいと思いますが、過去のこと、今のことをまず置いておいて、どうしたいのかを問いかけ、イメージしてみるのです。

たったこれだけです。

「本当はどうしたい？」——。

実は、これは**コーチングのマスタークエスチョン（究極の質問）**と呼ばれるものです。

私たちプロコーチがコーチングセッションの中でクライアントに問い続けているのは、ただ1つ「あなたは本当はどうしたいのですか？」ということなのです。

もちろん、この質問に対する答えを見つけるために、他のさまざまな質問をしたりもします。けれども、**それらはすべて「本当はどうしたい？」につながる質問**なのです。

サッカーの本質が「ゴールを決めること」であるのと同じように、コーチングでは良いコミュニケーションの本質は「自分自身が本当はどうしたいかを知ること」だと考えています。

つまり、「本当はどうしたい？」を問いかけ続け、その答えを探し続けることが、良いコミュニケーションになります。

そして、その結果出てきた答えが、あなたにとっての良い答えなのです。

それは、他の誰から与えられたものではない、あなた自身が望んだ答えです。

「行動しなきゃ」という義務感ではなく、**「行動したい」と思える答え**であり、今すぐに自然と行動したくなる答えなのです。

50秒セルフトークを成功させるコツ①

体と心の声も聞く

「本当はどうしたい？」が、なぜコーチングの究極の質問と呼ばれるのか？
それは、あなたの思い込みを一瞬にして取り払ってくれる質問でもあるからです。

人間は、大人になって経験を積めば積むほど「うまくいかない理由」をすぐに見つけ出し、「無理だ」と決めつけてしまうということを前述しました。

その結果、**体の声や心の声を無視し、頭の声しか聞かずに「失敗しない道」を選んでしまう**のです。

・上司の指示に従わなければならない
・今の会社でがんばらないと他に行くところがない

・課長への出世レースで勝つことが一番大事
・とにかく目の前のプロジェクトを成功させないと
・今は住宅ローンを返済するのが最優先
・そんなことをするお金がない
・時間がない
・奥さんが許してくれない
・今さら40歳をすぎて始めるのは遅すぎる
・どうせ自分には無理
・そんなことしたら、みんなにどう思われるか心配
・親ががっかりするかも
・いい歳して、子どももいるのだから。もう少ししっかりしないと

といった頭の声が存在感を発揮して、**自分の本音が出てこないことが多い**のです。

「本当は」という言葉には、「そういう現実を取り払ってみたとき、自分はどうしたいの？」という意味が込められています。

ですから、「本当はどうしたい？」というセルフトークを行う際のコツとして、頭の声だけでなく、**体の声、心の声から「欲望」を聞いてください。**

現実をもとに考える頭の声は、たいてい「〜しなきゃ」という義務感に基づく言葉を発していることが多くなりがちです。

たとえば、頭の声が「上司の指示に従わなければならない」と言っているとしたら、その一方で、体の声、心の声はどんなことを叫んでいるか？「もう深夜まで残業するのはうんざりだ」と言っているとしたら、まずその声をしっかりと受け止めてあげるのです。

50秒セルフトークを成功させるコツ②
続けざまに質問する

「50秒セルフトーク」を成功させるもう1つのコツ、それは**「続けざまに質問する」**ということです。

たとえば、体の声、心の声が「もう深夜まで残業するのはうんざりだ」と叫んでいるとします。そんな自分に、あなたはさらに「深夜まで残業せずに、本当はどうしたい？」と質問してみるのです。

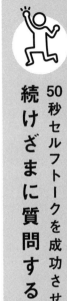

A「深夜まで残業せずに……読みたい本をゆっくり読みたい」
B「深夜まで残業せずに……子どもと話す時間を持ちたい」
C「深夜まで残業せずに……とにかくゆっくり眠りたい」

AとBとCでは、「欲望」がまったく違いますよね。こんなふうに質問を重ねていくと、「欲望」は自然と明らかになっていきます。

さらに続けざまに質問をしてみましょう。

たとえば、「深夜まで残業せずに……読みたい本をゆっくり読みたい」だったとします。「ところで、本当はどんな本を読みたいの？」と質問してみるのです。

自分の仕事で役に立つ知識が得られる本なのか、仕事を忘れさせてくれるミステリー小説なのかによっても違いますよね。

もしも「仕事を忘れさせてくれるミステリー小説」なのだとしたら、「あ、そうか。今の自分には、仕事を忘れて頭をオフにする時間が必要なんだな」と思えたりするわけです。

こんなふうに、**50秒の間にいくつか質問をするだけで、この気づきを得られるようになります。**

ただ、あらかじめ1つだけ言っておきます。

慣れないうちは、わずか50秒の間で次のステップに進むような質問を続けることは難しいかもしれません。

いや、それどころか、「本当はどうしたい……？　何も思い浮かばない」という状態が続くこともあります。

それでいいのです。

はじめは、答えなど出なくても全然OKです。

感覚としては、あなたの中に「自分は本当はどうしたいんだろう？」という質問ボードを目立つところに置いておくような感じです。

その答えは見つからなくていいのですが、常に自分に対して「質問の答え、募集中！」という表示だけはしておく——そんなイメージです。

常に目につくものって、自然と気になりますよね？　そうしたら、あなたは自然と募集されている答えを探すようになります。

「自然と答えを探すようになる」この感覚が、とても重要なポイントになります。

この感覚まで落とし込むのに必要な時間は、今すぐできる人から3週間かかる人まで、人によって違います。けれども、必ずこの感覚は身につくので、**2つのコツを意識しながら、とにかく続ける。**それこそが、とても大切なのです。

50秒セルフトークを成功させるコツ③
「たとえば？」と「他には？」を効果的に使う

50秒セルフトークを成功させる、もう1つのコツ。それは、**「たとえば？」という質問と「他には？」という質問を効果的に使うこと**です。

ただし、これらは中級者編のコツなので、コツ②でうまくいかないときに使うと思っていてください。

まずは1つ目の**「たとえば？」**に関してです。

たとえば、「本当はどうしたい？」と投げかけたとき、「もう深夜まで残業したくない」という答えまでは出ていたとします。でも、そのあとが思い浮かばない……。

そんなときに「たとえば、残業せずにどんな時間を過ごしていたい？」と問いかけてみてください。

「たとえば……？　そうだな、のんびりお風呂に浸かりたい」といった光景が出てくると思います。

「たとえば？」という質問には、「本当はどうしたい？」という光景、具体的場面を思い浮かべさせる強力なパワーがあります。これも、われわれプロコーチがよく使う、大切な質問の1つです。

もう1つは**「他には？」**です。

これは、「たとえば？」の後で使う質問です。

「たとえば……？　そうだな、のんびりお風呂に浸かりたい」といった光景が出てきたとします。その後で「他には？」と質問してみるのです。

「他には……？　そうだな、お風呂上がりにビールを飲みたいな。他には……そうだな、奥さんに今日1日の出来事を話したいし、奥さんの話も聞きたいな」といった光景が浮かんでくると思います。

「他には？」という質問には、「本当はどうしたい？」という光景を次々と思い浮かべさせる強力なパワーがあり、われわれプロコーチが大切にしている質問です。

私がコーチングするときには、**もっと深掘りしたり、具体的にしたい場面では「たとえば？」を使い、まだ話されていない他の話や具体例を聞きたいときには「他には？」を使います。**

「1分間」の効果を劇的に高める時間帯とは？

この「たった1分間」に大きなレバレッジ（梃子《てこ》）を効かせる時間があります。それは、**「朝起きてからの10分以内」**と**「夜眠りに就く前の10分以内」**です。この間に「1分間行動イノベーション」を行うことが大切なポイントになります。

なぜなら、脳科学理論に基づいているからです。

人間の脳というのは、無意識のうちに1日で約7万回も思考していると言われています。「1分間行動イノベーション」とは、あなたの思考を良いものに変え、あなたの行動を良いものに変えるメソッドですから、朝いちばんで行えば行うほど、その効果を長く味わえるわけです。

朝いちばんと同様、いやそれ以上にレバレッジが効くのが、夜眠りに就く直前です。なぜなら、脳というのは「眠りに就く直前のイメージを、就寝中に繰り返し再生する」という特性があるからです。ちなみに脳科学の世界では、**眠る前の10分間を「ゴールデン・タイム」と呼んでいる**そうです。

たとえば、あなたが寝る直前に「あぁ、明日はやることがいっぱいだな。午後から会議が3つもあって、そのための資料を朝イチで作成しなきゃ。もう会社に行きたくないな……」と思ったまま眠りに就いたとします。

すると、恐ろしいことが起こります。あなたの脳は、寝ている間中「やることがいっぱい……会社に行きたくない……やることがいっぱい……会社に行きたくない……やることがいっぱい……会社に行きたくない……」という感情を再生していきます。

たとえば、あなたが6時間睡眠だったとしたら、6時間ずっと「やることがいっぱい……会社に行きたくない……」をひたすら繰り返すのです。

人がうつ病になる、とても簡単な方法があるそうです。それは、「ため息をひたすらつき続けること」だそうです。本当になってしまうので絶対にやらないでほしいのですが、1日6時間も「やることがいっぱい……会社に行きたくない……」を繰り返すなんて、自分をうつな気分に追い込む〝自殺行為〟だと思いませんか？

けれども、多くの人は、眠る直前の時間帯を軽視しています。

ですから、私の提唱する「1分間行動イノベーション」では、

・「夜眠りに就く前10分以内」には必ず行う

・「朝起きてから10分以内」にもできれば行う

というルールで実践してもらうことを重視しています。

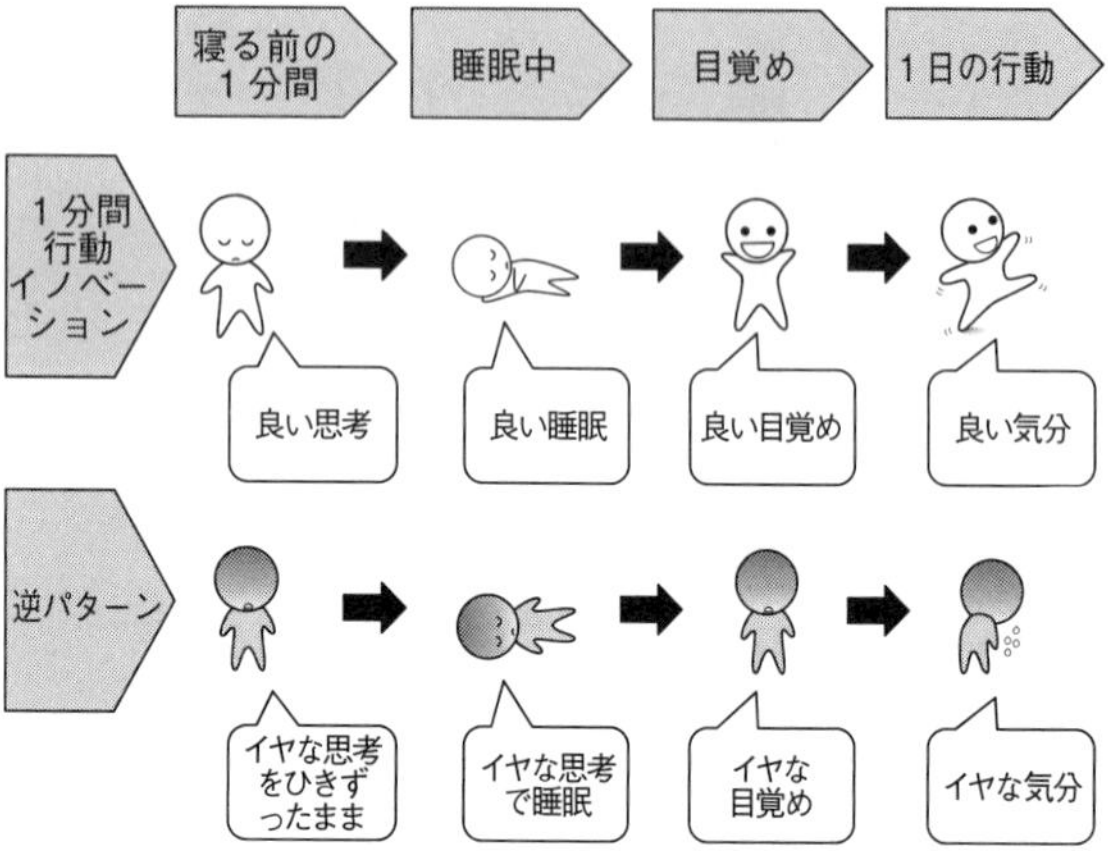

ちなみに、朝1分間、夜1分間という時間は、1日のうちのどれくらいの長さなのでしょうか？

60分×24時間＝1440分。そのうちの2分ですから、1日の720分の1の時間に過ぎません。

1日2分を365日続けると730分、約12時間です。つまり、**1年のうちのたった12時間だけでいい**のです。

ただそれだけの短い時間で、人生が劇的に変わるとしたら、やらない手はない。

そうは思いませんか？

私自身が体験した「50秒セルフトーク」の力

と、こんなふうに「50秒セルフトーク」の重要性について、本の中で述べている私ですが、恥ずかしながらコーチングに出会うまでは**「本当はどうしたいの？」と、人から聞かれたことも、人に聞いたこともありませんでした。**

これほどシンプルで、そして人生を劇的に変えてしまうほどのパワーを持った質問が、この世に存在することすら知らなかったのです。

だから、当然、自分自身に対して「本当はどうしたい？」などと自問したことは一度もありませんでした。

当初、この質問のパワーを知り、とりあえず始めてはみたものの、答えは出てきませんでした。「この質問を使って、まるで雷にでも打たれたような感覚で自分の素晴らしいビジョンを掘り出し、そのビジョンに従い一直線に行動して、人生を劇的に変えてやろう」くらいに思っていたのに、私が最初に思い浮かべたのは「普通に生活できればいい」という答え。今振り返ると思わず苦笑したくなるほど、何のワクワクも感じられないショボい答えでした。

ただ唯一、私が素晴らしかった点（!?）は、そこであきらめずに**「まず食べるもの」からセルフトークを始めてみよう**と思い、やってみたことです。

私は、毎日の食事でさえ「本当は自分は何を食べたいのか？」など、自分に問いかけることをしていなかったなと思いました。

そして、自分が今本当に食べたいものがわかったとしても、本当に食べたいものではなく、「○○さんが食べているからA定食」「サラダがついてお得だからB定食」「一番早く出てくるからC定食」「値段が一番安いからD定食」といったように、自分の欲望とは違う判断をしていることに気づいたのです。

そこで、「本当は何を食べたいんだろう？」と感じるようになりました。たとえば、「初夏だから、やっぱりカツオが食べたいな。しかも、さっぱりした味が好きだから、ポン酢しょうゆで、たっぷりのネギと一緒に味わいたいな」といった具合です。もちろん、すべてがそのとおりになるわけではありませんが、「旬の、しかもさっぱりしたものを食べたい」という自分の本当の声が聞けているので、妻に希望の夕食メニューの相談を受けたり、お客さんや知人に、会食に誘われて希望のお店を聞かれたりした際、すぐに答えられるようになりました。

「自分が本当に食べたいものがわかるようになった」という小さな一歩が、私にとってはとても大きかったのです。

それは**「あ、こういう感覚を続けていけばいいんだ」**と思えたからです。

人生を劇的に変える――そんな表現を使うと、何かものすごく大きなことが一瞬にして起こるような錯覚を持つかもしれません。

けれども、それはまったく違います。変化の1つ1つ、特にはじめのうちに起こる変化は「自分の本当に食べたいものがわかった」というレベルの、とても小さなことなのです。

小さな変化が必ず訪れる

私のお客様は、とても優秀で素晴らしい企業経営者の方が多いのですが、コーチングセッションのはじめの頃は、「本当はどうしたいですか？」という主旨の質問をしても、「自分が本当はどうしたいのかわからないからコーチングを受けにきているので、唐突に聞かれてもわからないよ」という方がいらっしゃいます。ところが、半年以上継続してサポートしているお客様に「本当はどうしたいのですか？」と聞くと、ご自身が本当に願っていることがスラスラ出てくるのです。

「本当はどうしたいのですか？」と聞かれて、スラスラ出てくる人には３つの共通点があります。

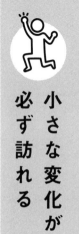

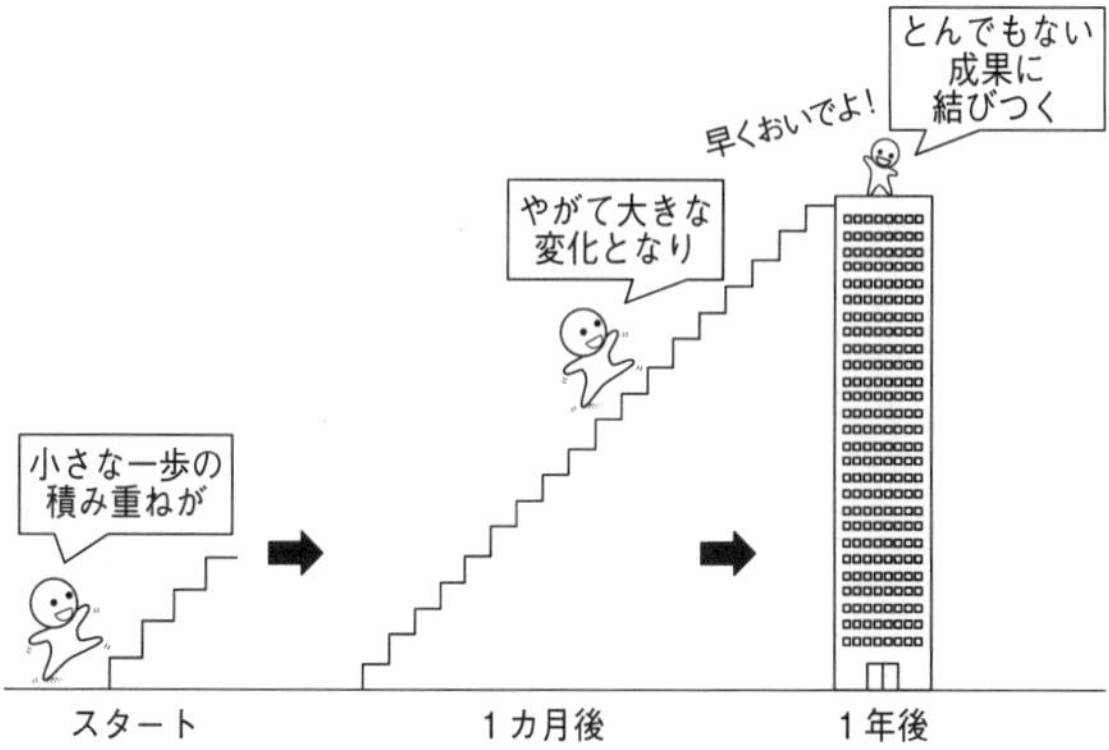

1つ目は、**「本当はどうしたいか？」といつも、自分に問いかけること**です。

そして、2つ目は、「本当はこうしたい」という答えが、**たとえどんなにくだらないものやちっぽけなものであっても、否定しない。**「今、自分はそうしたいと思っているんだね」と受け入れていることです。「この人は、どんなことを言っても良い悪いの判断や評価をせずに、ただ受け止めてくれる」と信頼できたとき、人は初めて本音を言えます。それは、他人に対してでも、自分自身に対してでも、変わりません。

3つ目は、**自分の「欲望に素直になる」ことで起きる小さな変化に気づいているということ**です。50秒セルフトークを続けていて変わらない人はいません。ただ、小さい変化に「気づけるか」と「気づけないか」の違い、それだけなのです。

ですから、何度も言います。

みなさんも、はじめのうちは素晴らしい答えなんて見つからなくてもいいのです。始めていれば、小さな変化が必ず起こってきます。

まずは、小さな変化を信じて続け、小さな変化に気づいたらそれを認め、さらに続けてください。どんなに小さな変化でもいいので、その変化に気づけるようになってください。もし、まったく変化がないなと思ったときは、「変化がなかったのではなく、変化が小さすぎて自分では気づけなかったんだ」と考えてみればいいのです。

とにかく毎日続ける。そうすれば「気がつけばとんでもないところに来ていた」ということが必ず起こります。

「本当はどうしたいのか？」――これがわかっていると、判断、決断に迷わなくなります。「体軸」がしっかりしていると、スポーツで相手プレーヤーに体当たりされても転ばないように、**「やりたいことの軸」があると心にブレがない**からです。だから、その軸に照らし合わせて、すぐに選べるようになるのです。

すぐに答えが出てこなくても あきらめない

私が以前コーチングをした方の中に、ある外資系企業でマネージャーとして、バリバリ働いていたものの出産を機に退職され、子育てに専念されている女性がいました。聞けば、「子どもは大好きだし、以前のように朝から晩まで働きたいとは思っていないんです。でも、子どもが小学生になった頃からなんだかモヤモヤしている自分がいて、いったいどうしたらいいんだろう？」というのが悩みでした。彼女は頭の中がぐちゃぐちゃなまま、ここ数年を過ごしてきたとのことでした。

そこで私は、「**朝起きたときと、夜寝る前に1分ずつでいいので、『本当はどうしたい？』と自分に聞き続けてください**」とお願いしました。

当初、彼女は答えがまったく出てこない状態でした。そこで私は、「すぐに答えが出てこないからといってあきらめないでください。最初は、みんなそうです。それでも『絶対に答えがあるんだ』と思って、朝晩1分間だけでいいから、問いかけ続けると出てきますよ」と、伝えました。2週目に入ると「本当は、今後の自分の人生について、じっくり考える時間が欲しい」という思いが出てきました。それをコツコツ続けているうちに、**たくさんの本音・欲望が彼女の中からあふれ出てくるようになりました。**

「本当は、もっと子どもたちと一緒にいる時間を楽しみたい。本当は、子どもひとりずつと、もっと深く関わりたい。本当は、独身時代に行ったイタリアに家族でもう一度旅行したい。本当は、体を壊さなかったら会社で働き続けたかった。本当は、もっと夫と今後について熱く語りたい。本当は、学生時代に専攻した心理学をもっと探求したい。本当は、子育てに悩んでいるママ友の力になりたい……」。

自分の中からあふれてくる本音や欲望に気づいたとき、彼女は、「もう1回、自分の人生を生きてみよう」と思え、自然と動き出していました。そして、今は保育士になるための勉強をされています。

また、私がコーチングでサポートしたSEとして働く30代男性の場合、その男性は仕事の締切に追われる忙しい毎日を過ごしていましたが、「このままだと、会社と家の往復だけで人生が終わってしまいそうだ。40歳になる前に本当にやりたいことを見つけたい」と思って、私のところに相談にこられました。

そこで私は、**朝起きたときと夜寝る前の1分間、「本当はどうしたい？」と自分に聞き続けてください**とお願いしました。

朝晩の1分間行動イノベーションをやり始めた当初は、「本当はどうしたい？」と聞くと、なぜか子どもの頃の懐かしい思い出ばかりが出てきて、「自分は幼稚園の頃に戻りたいのかな？」「子ども時代をやり直したいのかな？」と、戸惑っていたそうです。

それでも朝晩自分に聞き続けたところ、「陶芸の窯元で遊んでいた日々が忘れられない」「本当は、職人さんの持つ独特のピリッとした雰囲気が好き」だったことに気づき、「日本の伝統文化の素晴らしさを世界に発信する手助けをしたい」というビジョンにたどり着きました。**実は今まで培ってきたSEとしての、スキルも人脈も、夢実現に欠かせないリソースだったことに気づきました。**彼は、忙しく働きながらも、夢実現に向けて喜々として行動をしています。

第4章を読む前のポイント

セルフトークだけでは人生は変わりません。大事なのは「行動」です。でも行動に移せない、怖い、めんどくさい。

そんなときこそ「10秒アクション」です。

第4章では1分間の行動イノベーションのうちの「10秒アクション」について紹介していきます。

第 4 章

「1分間行動イノベーション」② アクション

10秒の行動から人生は変わる

第3章で「50秒セルフトーク」の力について、書いてきました。そして、「50秒セルフトーク」で、人生が変わると書いてきました。

けれども、実はこの表現は正確ではありません。

なぜなら、**「50秒セルフトーク」〝だけ〟では、人生は変わらない**からです。

「50秒セルフトーク」〝だけ〟では、人生は変わらない――これはどういうことでしょうか？

人生を変えるには、セルフトークに加えて、何らかの「行動」が必要なのです。

ほんの小さなことでもいい、その後の小さな「行動」こそが、あなたの望むべき方向へと、人生を変えていきます。

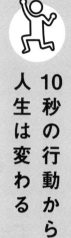

「50秒セルフトーク」で「本当はどうしたい？」を問いかけ続ける。するとと、他の誰から与えられたものではない、あなた自身が望んだ答えが見つかっていきます。その答えは「行動しなきゃ」という義務感ではなく、「行動したい」と思える答えであり、今すぐに自然と行動したくなる答えです。

……と、ここまでは、「50秒セルフトーク」が素晴らしい力を発揮してくれます。

実は、この後がとても大事です。

ほんの小さなことでいい。あなたが「行動」を起こすから、人生が変わるのです。

わかりやすく読書を例に説明しましょう。

もしもあなたが『恋人を作るためのテクニック』という本を読んだとします。そこには、「気になる相手をデートに誘っても断られにくくなる」という、非常に素晴らしいコミュニケーションテクニックが載っていたとします。あなたはそれを読んで

「なるほど、素晴らしいテクニックだな」と感じたとします。

ここまでで、あなたは「自分は恋人が欲しい。そして、そのための有効なテクニックも学び、理解した」という素晴らしい気づきを得ています。

ところが、これだけで恋人はできるのでしょうか？

できませんよね。

「デートに誘う」という「行動」があるから、人生が変わっていくのです。 もちろん、「デートに誘う」という「行動」をさらに分解して考えると、たとえば次のような小さな「行動」に分けられます。

・自分が気になる相手は誰なのか、考えてみる
・自分が気になる相手に、いつ、どんなふうに声をかけられるか考えてみる
・声をかけたら相手がどんなふうに答えてくれそうか想像してみる
・相手の趣味や関心のあることなどの情報を仕入れておく
・本で学んだテクニックの使い方を練習してみる

・相手と会話する機会を増やしてみる
・タイミングを見計らって、声をかけてみる

これらはあくまでも一例ですが、『恋人を作るためのテクニック』を読んだ後に、「そうか、いいこと学んだなあ。ところで、自分が今気になっている相手って誰だろう?」とすぐに考える(=行動する)からこそ、「恋人を作る」という方向へと人生が動いていくわけです。

つまり、**気づきを得た、答えを見つけた直後に「動き出す」ということが大事**なのです。

「10秒アクション」、たった10秒でできることがある

私の提唱する「1分間行動イノベーション」は、「50秒セルフトーク」と「10秒アクション」の2つのパートで構成されています。

ここからは、「10秒アクション」について解説していきます。

この「10秒アクション」の中で行うこと。

これも、基本的にはたった1つです。

それは「自分の望む姿に近づくためのアクションを取る」ということです。

「50秒セルフトーク」の中で、「本当はどうしたい？」を問いかけます。たとえばそれが「ハワイのような気持ちのいいリゾート地で暮らしたい」だったとします。

だとしたら、**それを実現させるような「行動」をする**ということです。


もちろん、たった10秒でできる行動は小さなことです。

フセンに「ハワイ」と書くだけかもしれませんし、「明日、本屋さんに行って、ハワイに住んでいる人の情報が載っている本を探してみよう」と思うことかもしれませんし、フラダンスの動きをするだけかもしれません。


それで、いいのです。10秒でできることで十分です。

たったそれだけ。

毎日、50秒のセルフトークの後に、たったそれだけのことをするだけで、あなたの人生が変わるのです。

「10秒アクション」が効果的な5つの理由

もしかしたら、あなたは「50秒ですら短いのに、たった10秒で何ができるの？」と思うかもしれません？

そこで、なぜこのたった10秒があなたの人生に劇的な変化をもたらすのか、その理由を説明していきましょう。

1つ目の理由。それは、「50秒セルフトーク」で目指す場所や方向が明確になった直後だから。

自分が望む姿を感じているときに「では、そのためにはまず何をすればいいか？」を考え、始められるところから始めるのです。それは、小さな一歩ではありますが、目指す場所や方向がとても明確なので、あなたにとってはとても的確で効果的な一歩なのです。

逆に、目指す場所や方向が明確になっていないときに取る行動はどうでしょうか？もしかしたら、まったく違う目的地や方向を目指して踏み出し、そのまま歩き続けた結果、「あれ、まったく望んでいなかったところへ来てしまった」ということになりかねません。

50秒で行く先を確認した直後だからこそ、たった10秒で十分なのです。

2つ目の理由。それは、「脳がワクワクしている」から。

人は「自分が本当にやりたいことならいくらでもがんばれる、続けられる、成長できる」という性質を持っているという話を第2章でしました。

なぜ、がんばれるのか？　それは脳がワクワクしているからです。

「本当はどうしたいのか？　どうなりたいのか？」を考えるということは、脳をワクワクさせることに他なりません。その直後に取るアクションは、「よーし、やるぞ、絶対に実現するぞ」という思いの詰まった力強いアクションなのです。たとえ同じ行動でも、イヤイヤやるのと、やりたくてやるのでは、効果が違ってきます。

3つ目の理由。それは「失敗を恐れて足が止まることがない」から。

第1章でも触れましたが、人間というのは、大人になればなるほど失敗を恐れて行動しなくなる特徴があります。たとえ「こんなふうになりたいな」「こんなふうになったらいいな」という素晴らしいイメージを抱いたとしても、過去の失敗の記憶をたぐり寄せ、「まあ、そんなのは夢のまた夢。夢は夢ということで、現実的には無理ムリ」などと勝手に決めつけてしまいます。

ところが、「10秒アクション」はどうでしょうか？

まず、「50秒セルフトーク」を行った直後に、すぐさま「今すぐ始められる行動」を取るわけですから、「どうしよう？　成功できるかな？」などと考えている余裕はありません。

人は、考え込んでしまうから、足が止まってしまうのです。「考える間もなく、とにかくすぐやる」ということが、とても大切なのです。

4つ目の理由。それは「10秒アクションは必ず成功する」から。

これはいい意味で言うのですが、たった10秒で取れるアクションは「たかが知れている」のです。

あなたが、将来ハワイで暮らしたいとします。10秒でできることは、「ハワイの本を買う」とフセンにメモすることくらいです。

でも、「ハワイの本を買う」とフセンにメモすることを失敗する人は、誰もいませんよね？

つまり、毎日「10秒アクション」を続ければ続けるほど、毎日あなたの中に成功体験が増えていくのです。

5つ目の理由。それは「10秒という時間で実はいろんなことができる」から。

世界最速のアスリートなら、10秒あれば１００メートル移動できてしまいます。凡人でも50メートルは前に進めてしまうのです。

ためしに、「10秒間でどれくらいのことができるか」を、1から10まで数えながらやってみてください。

たとえば、もう一度読みたいと思っていた本を本棚から取り出し、目次にひととおり目を通す。そんなことも10秒でできます。

ランニング用のシャツとパンツをタンスから出し、枕元に用意してみる。これも10秒でできます。

今日1日で顔を合わす人を5人思い浮かべて「よろしくお願いします」と念じる。これも10秒でできます。

今日1日の良かったことを3つ思い浮かべて、「良かったなあ」という思いをふたたび味わう。これも10秒でできます。

「10秒」は、私たちが思っているよりも、ずっとずっといろんなことができるのです。

10秒から始まる「行動イノベーション」

自分の目指す場所や方向が明確になった、脳がワクワクした状態の中で、一歩を踏み出す。しかも、その一歩は、とても簡単で、必ず成功する一歩です。

どうですか？　たったの10秒のアクションです。

これなら続けられるし、続けたいと思いませんか？

そして、この「10秒アクション」を毎日続けていくと、どんなことが起こるのでしょうか？

結論から言えば、**劇的な変化が起こります。**

なぜなら、自分が心から「行動したい」と感じていると、たった1つでは終わらず、次から次へとつながっていくものだからです。

ハワイの本を買うだけではなく、インターネットを調べてみたり。
ハワイの本を買うだけではなく、誌面に掲載されている連絡先に連絡してみたり。

自然に、先へ先へと進もうとするのです。
「行動」がつながっていく。それはこんなイメージです。

行動イノベーションの例

①ハワイに住んでみたいという人が、「ハワイの本を買う」とフセンにメモした。

↓

②翌日、本屋さんでハワイの本を買い、さっそく読んだところ、ハワイが好きな人やハワイに住まいのある人たちで作ったコミュニティの存在を知り、思い切って連絡を入れてみた。

↓

③すると、「特に入会条件などはないですよ。定例会をやっているので、気軽にお越しを!」と誘われたので、とにかく行ってみることにした。

↓

④そのコミュニティで、ハワイに別荘を持つご夫婦と仲良くなり、ハワイに住むために準備すべきことなどをいろいろ教えてもらい、そのうち家族ぐるみのお付き合いとなった。

↓

⑤そのご夫婦が「今年の夏は別荘を使わないから、よかったら使ってもいいよ」と言ってくれた。

↓

⑥まずは、夏休みに5日間だけ「ハワイに住む」ことができた!

「ハワイの本を買う」とフセンにメモするという行動と、「実際にハワイに住む」というゴールの間には、いくつもの行動ステップが存在します。かなり端折って書いていますが、もっともっと細かな行動ステップになるはずですし、夏休みの5日間だけ「ハワイに住む」ことができた後にもいろんなステップがあるはずです。

ですが、そこにはとても大切なことがあります。

それは、**振り返ってみると、必ず最初の一歩があるということ**です。

あの日、フセンに「ハワイの本を買う」と書いたからこそ、今の結果がある。

小さな一歩は、「無」から「有」を生み出す、とても大事なものなのです。

「気分を良くする」のは重要な「行動」である

ところで、「気分をスッキリさせるために行う行為は、自分の望む姿を実現させる『行動』にあたるのか？」と考えてしまう人もいるかもしれません。

ですが、それも十分に効果的な「行動」です。

たとえば、「50秒セルフトーク」で、あなたが「将来ハワイに住みたいな」と強くイメージしたとします。そのために思わず取った「10秒アクション」が深呼吸だったとします。

「えっ、ハワイに住むことと、深呼吸に何の関係が？」

ここでは、あまり深く考えず、まず実践してください。

あなたの中で、何かしらつながっています。
その意味は、後から振り返って見えてくるので大丈夫です。

大切なのは、セルフトークで出たイメージと、アクションとの関係性ではありません。
それよりも、深呼吸して、いい1日のスタートが切れた――このすっきりした感覚のほうが大事なのです。

ですから、

「行動」＝自分の体や気持ちを心地よくしてくれるもの

と、まずは大きく捉えてみてください。

ここである事例を紹介しましょう。

これは、絶対無理と言われた夢を「1分間行動イノベーション」をきっかけに実現されたある女性のケースです。

彼女には小さい頃から「どんなに小さくてもいいから自分の店を持つ」という夢がありました。美容師になり、結婚し、子育てをしながらパートで美容院に勤めていました。

そんな彼女が**「1分間行動イノベーション」をやり始めたら、「本当は、やっぱり自分の店を持ちたい」という思いが出てきました。**

そこで、彼女は10秒アクションで「機会があれば、お客さんに自分の夢を語ってみる」とフセンにメモしました。次の日の10秒アクションでは、自分の話を聞いてくれそうなお客さんの名前を3人書き出しました。

数週間後、彼女が働いている美容院にAさんが来店しました。

メモしたことなどすっかり忘れていた彼女ですが、Aさんのお嬢さんの就職活動の話を聞いているときに思い出したのです。そこで彼女は、小さい頃からの自分の夢を、Aさんにサラッと話しました。実は、Aさんのお母さんが、空きスペースに出店してくれる美容師さんを探していました。

半年後、彼女は自分の美容院をオープンさせていました。

朝の寝起き、就寝前の10秒でできる簡単アクション

「1分間行動イノベーション」を行うおすすめの時間帯は、朝起きてすぐの10分と、夜寝る前の10分だと前述しました。

では、この時間帯でできる10秒アクションとは、どんなものがあるでしょうか？アクションの例を列挙しておきます。他にもたくさんあると思いますので、あなたの中で思いついたアクションをどんどん加えてみてください。

□好きな歌のサビの部分を鼻歌で歌う
□好きな英語を声に出して言う
□子どもの頭をなでる
□本を1行読む
□家族に「ごめんなさい」「ありがとう」と言う
□目線の角度を1度上げる
□「えいえいおー!」と掛け声をする
□パソコン上のゴミ箱を空にする
□部屋のゴミ箱を空にする
□レシートを捨てる
□イスを元に戻す
□靴をそろえる
□ふとんを整える
□カーテンを開ける
□自分のデスクをさっと拭く
□植木に水をあげる
□花瓶の水を換える
□窓を開けて、外の空気を吸う
□日光浴する
□家族に「おはよう」と元気に挨拶する
□月光浴する
□星空をちらっと眺める
□家族に「おやすみなさい」と言う

☆あなたが、朝や寝る前にやると良さそうな「10秒アクション」は何ですか？　書き出してみましょう。

おすすめの10秒アクションの例

□読む本を（通勤）カバンに入れる
□本の1ページ目を開き、1文を読む
□明日（今日）やることで大事なベスト3を書き出す
□明日（今日）の予定をちらっと見る
□気づきをフセンに書く
□書き溜めたメモをちらっと見る
□メール返信の1行目だけ書く
□パソコンに1行書く
□作っておいたワクワクリストを眺める
□「〇〇さんありがとう」と声に出してお礼を言う
□「ありがとう」とひと言メッセージを送る
□「〇〇と感じている私を認めます」と、
50秒セルフトークで出てきた内容を受け入れる
□カレンダーに予定を書き込む
□ベランダに出る
□鏡の中の自分の目を見て微笑む
□口角をあげる
□声を出して笑う
□水を飲む
□大きく伸びをする
□柏手を打つ
□顔をさっと洗う
□耳掃除をする
□爪を切る
□ストレッチをする
□お腹をへこませる

今すぐ始めよう「1分間行動イノベーション」

「1分間行動イノベーション」で行う、「自分が本当はどうなりたいか?」を考える
↓「そのためのアクションを取る」というプロセスは、私たちプロコーチがクライアントと行っているセッションそのものです。

つまり、「1分間行動イノベーション」とは、

・ひとりで行える
・1分間で行える

コーチングのエッセンスを凝縮した習慣プログラムなのです。

ここで、「1分間行動イノベーション」の実際のやり方について説明します。

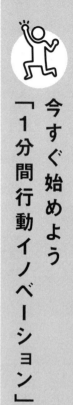

1 自分が心地良くなれる場所に行き、自分の心の状態をできるだけ良くしてスタートします

家の中で一番気持ちを集中できるところはどこですか？　リビングですか？　ベランダですか？　書斎のデスクですか？　トイレですか？　そこへ行きましょう。イライラの感情やイヤな出来事は、いったん忘れてしまいましょう。

2 「50秒セルフトーク」を行います

「本当はどうしたい？」を自分に問いかけましょう。

どんなことをしていると楽しいですか？　どんなときに笑っていますか？　どんなことなら、また体験したいですか？　そんなことが実現できたら夢のようだなと思っていることは何ですか？　今日食べたいもの、今日してみたいことは何ですか？　どんな大きなことでも、どんな小さなことでもＯＫです。「たとえば？」「他には？」といった効果的な質問を絡めながら、あなたの「欲望」に耳を澄ませてみましょう。

3 「10秒アクション」を行います

まずは何でもＯＫ。あなたの望みにつながる一歩を踏み出しましょう。

「自分は本当はどうしたいのか？」をイメージしたら、その実現につながるアクションを取ってみましょう。たった10秒でできる、小さなことでＯＫ。あなたの気持ちをさらに高めてくれる、楽しいアクションを選びます。考え込まず、楽しく即実行することが何よりも大切です。


「1分間行動イノベーション」は、このたった3ステップで完了です。

「1分間行動イノベーション」を続けていくうちに、セルフトークの質やアクションの質がどんどんアップしていき、小さな変化が積み重なって大きな変化が表れてきま

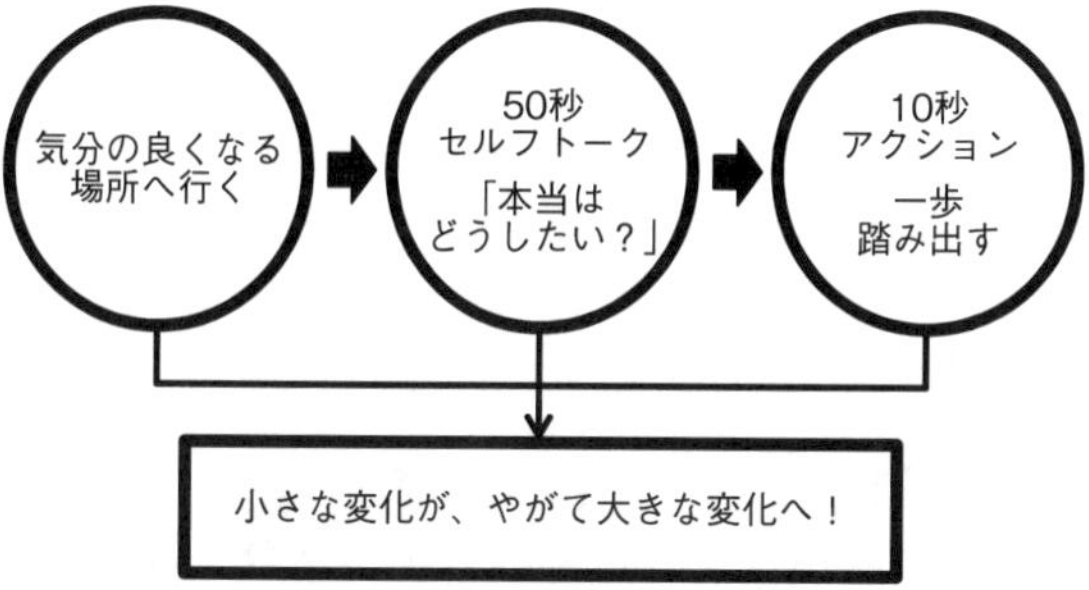

毎日朝晩、１分間行動イノベーション

す。

「自分は大きく変われる人間である」ということを信じて、朝晩行ってみてください。

第５章を読む前のポイント

１分間行動イノベーションは、すぐに効果が出る人と出ない人がいます。その差は「自分とどれだけ仲良くなれているか」ということです。

第５章では「自分との仲良し度」を知り、今よりももっと自分と仲良くなれる方法を紹介していきます。

第 5 章

自分と仲良くなるための「1分間アドラーエクササイズ」

「1分間行動イノベーション」の効果をさらに高めるために

第3章と第4章で、「1分間行動イノベーション」の中身、つまり「50秒セルフトーク」と「10秒アクション」のそれぞれの意義についてお話をしてきました。

そして、「1分間行動イノベーション」の実際のやり方についても解説をしました。

第4章までは、いわば本書のベーシック編。ここまでの流れで本書でどうしても伝えたかった基本的なことはすべてお伝えできたと思っています。

そこで第5章、第6章では、**「1分間行動イノベーション」の効果をさらに高めるための、フォローアップをしていきます。**

なぜ、フォローアップが必要なのか？　それには2つの理由があります。

1つは、「1分間行動イノベーション」の効果が出始めるまでにかなり時間がかかってしまう、という人がいるからです。

その大きな理由は**「自分と仲良くなるという感覚」**をつかんでいないということと関係しています。

そこで、第5章では、「自分と仲良くなるという感覚」を高めるためのワークを紹介します。

もう1つは、「『1分間行動イノベーション』だけでは物足りない。**行動をさらに加速するノウハウ**があったらどんどん教えてほしい」という人に向けてのフォローです。「1分間行動イノベーション」だけでは物足りない——これこそ、成功への加速実現をサポートする私が言われて、もっともうれしい言葉の1つです。クライアントさんが「もっともっと」という気持ちになり、どんどん行動を進めてくれるのは最高の喜びです。

ですから、第6章では、「行動をさらに加速する」ためのヒントを紹介していきます。

では、この第5章では「自分と仲良くなるという感覚」をテーマに解説していきましょう。

「できない壁」は自分が作っている

第2章でお話ししたとおり、アドラーは「幸福の3条件」の中で、①自分を受け入れていること、②他者を信頼していること、③他者に貢献していることの3つを挙げています。

この①を私なりの言葉にすると、「自分と仲良くなる」という表現がとてもしっくりきます。

「自分と仲良くない」人は、なぜ「1分間行動イノベーション」の効果が出にくいのか？

それは、**「自分は本当はどうしたいのか？」を考えにくい答えにくい心の状態になっている**からです。

「自分と仲良くない」人とは、どんな人のことでしょうか？

「自分には無理だ」と思っている人。
「自分には能力がない」と思っている人。
「やりたいことをやって生きていけるほど人生甘くないよ」と思っている人。
「他に優先すべきことがたくさんある」と思っている人。
「やらなきゃならないことがたくさんある」と思っている人。
「お金がない」と思っている人。
「時間がない」と思っている人。
「体力や知識や経験がない」と思っている人。
「自分がやりたくても他の誰かが許してくれない」と思っている人。
「そんなこと始めたら誰かに何かを言われそう」と思っている人。

……そんなふうに、**自分の思い込みで、自分の価値をどんどん低く見積もってしまう人のことです。**

たとえばここにAさんとBさんがいたとします。Aさんには漠然とした夢があります。

もしも、そんなAさんに対してBさんが、

「あなたには無理だ。あなたは能力がないから無理だよ。やりたいことをやって生きていけるほど、人生甘くないよ。他に優先すべきことがたくさんあるだろう？　他にやることがたくさんあるのに、それすらちゃんとできてないじゃないか。まずそっちをちゃんとやっときな。第一、お金はあるの？　時間はあるの？　体力もないし、知識も経験もないくせに……。どうせ周りの誰かに止められるぜ。始めた途端、みんな『おいおい、いきなりどうした？』って言うぜ」

などと言ったら、どうでしょうか？

Aさんは、「夢を形にしよう」と思えるでしょうか？

「自分にもできそうだ」と思えるでしょうか？
「よし、いろいろ大変なことはあるかもしれないけど、やってみよう」と思えるでしょうか？

思えるはずないですよね。

そして、そんなBさんに「本当はどうしたい？」って、朝晩聞かれたら、素直に答えますか？

Aさんの勇気はくじかれ、夢は広がるどころか小さくしぼみ、場合によっては消滅してしまうでしょう。いや、夢を抱いたこと自体が間違いだったような感覚に陥り、「二度とそんなことを思ったりしない」と誓ってしまうのではないでしょうか？　だから、「本当はどうしたい？」なんて、考えられないし、たとえ思いついても答えられないですよね。

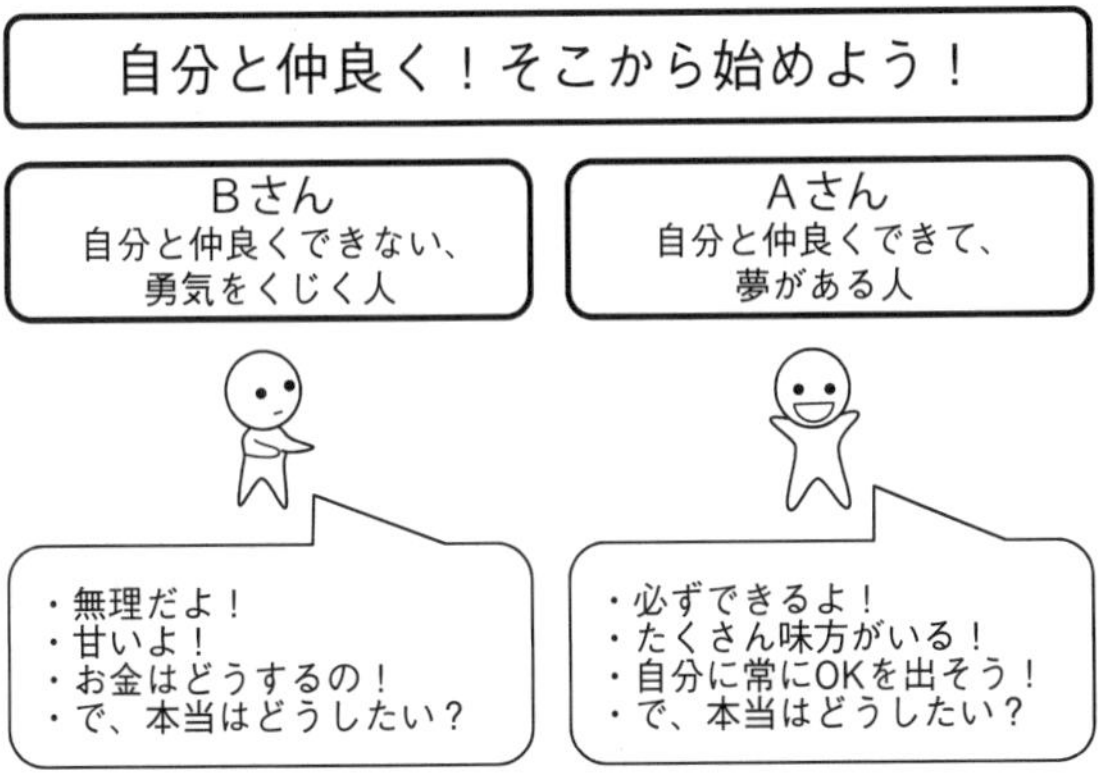
自分と仲良く！そこから始めよう！
Bさん
自分と仲良くできない、
勇気をくじく人
Aさん
自分と仲良くできて、
夢がある人
・無理だよ！
・甘いよ！
・お金はどうするの！
・で、本当はどうしたい？
・必ずできるよ！
・たくさん味方がいる！
・自分に常にOKを出そう！
・で、本当はどうしたい？

Bさんが Aさんに対して行った仕打ちは、とてもひどいものだと思いませんか？

けれども、もしもあなたが「自分には能力がない」「自分には無理だ」と思っているのだとしたら……それは、Bさんのようなひどい仕打ちを、毎日自分自身に行っているのと同じことなのです。

このように、常に勇気をくじかれっぱなしのAさんのような心の状態で「1分間行動イノベーション」を行ってみるとどうなるでしょうか？

「えっ……、何をやっても無理な自分だけど……、そんな自分が本当にやりたいことは何だろう……？」という感じで、心の声、体の声を聞き出す前に、頭でっかちな思い込みの壁が邪魔してしまいます。これでは、なかなか成果が出ないのも当然です。

ところであなたは、自分と仲良くできていますか？

「自分との仲良し度」がどれくらいかわかるように、セルフチェックシートを載せました。左のページで確認してみてください。

「自分との仲良し度」が低くても、がっかりしないでください。少しずつ自分に関心を持って、まずは後述の「1分間自己受容エクササイズ」や自分と楽しく雑談することから、始めていきましょう。これからの人生で、一番の伸びシロがあります！

「自分との仲良し度」をセルフチェック

□「ありのままの自分にOKを出している」

「人から評価された自分はOK、そうでない自分はダメ」「調子がいいときの自分はOKだけど、落ち込んでいるときの自分はダメ」ではなく、24時間365日すべての自分にOKを出していますか?

□「できない自分にもOKを出している」

できることもあればできないことも当然あります。
できない自分にもOKを出せていますか?

□「欠点だらけの自分でも愛せるか?」

自分で長所だと思えることもあれば、逆に短所だと感じていることもあるはず。短所のある自分も含めて、ひとりの自分を好きになれていますか?

□「どんな状況になっても自分の味方でいられるか?」

うまくいっているときも、うまくいっていないときも、変わらず自分のことを信じ、応援できていますか? うまくいかなくなった途端に「やらなければよかった」「こんなこともできないなんて最低」と自分のことを否定したり責めたりしていませんか?

□「自分にできることと自分にはできないことを見極められるか?」

「すべてを自分でやろうとしなくてもいいんだ」という軽やかな気持ちを常に持ち合わせていますか?

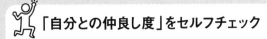

診断結果

「YES」5つの人　親友レベル

自分と親友のように付き合えています。ありのままの素の自分を出せ、言いにくいこともズバリ指摘でき、気兼ねなく付き合いができています。

これからも、辛いときもそばにいて、寄り添い、心の支えになる関係でいてください!

「YES」3～4つの人　友人レベル

自分と友人のように付き合えています。一緒に楽しい時間を共有でき、迷惑にならないかどうか気にしながら、当たり障りのない話ができています。遠慮はいらないので、焦らず時間をかけて、親友レベルに発展させていきましょう。

「YES」0～2つの人　知り合い・顔見知りレベル

自分と顔見知りの知人のように付き合っています。顔と名前は知っているので挨拶はするけれど、あまり話さない程度の付き合いです。

少しずつ自分に関心を持って、まずは後述の「1分間自己受容エクササイズ」や自分と楽しく雑談することから、始めていきましょう。これからの人生で、一番の伸びシロがあります!

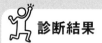

自分と仲良くなることで行動イノベーションが始まる

私は、母子家庭のひとりっ子育ちでした。高校からは厳しい全寮制だったものの、大学受験に失敗し、就職活動も失敗、転職を繰り返していました。話下手な自分が嫌いでしたし、父親がいないこともできるだけ隠しておきたいと思っていました。「なんで母は離婚してしまったんだ」と母のことを責めていました。

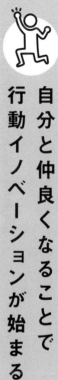

私は、長い間「自分と仲良くなれない」人間でした。

ところが、そんな私に対して、アドラーは**「大切なことは何が与えられているかではなく、与えられているものをどう使うかである」**（『アドラー心理学入門』100ページ）という言葉を残してくれました。

この言葉を聞いて、私はアドラーに「今与えられているものを見てみなさい」と言われた気がしました。

そうすると、「日本という恵まれた環境に生まれた。父はいなかったけれど、ひとりっ子で祖父母と同居していたので、母からも祖父からも祖母からもたっぷりと愛情を注いでもらえた。兄弟間の競争がなかったぶん、穏やかに過ごせた。ひとりっ子だったからこそ、ひとりで工夫して遊んだり、ひとりで自分の時間を使うことが上手になった。全寮制で厳しい上下関係を高校時代に経験できたからこそ、会社という縦社会での立ち振る舞いが自然とできるようになった……」といった、さまざまな「すでに私に与えられているもの」が見えてきたのです。

「与えられたものはすでにたくさんある」
「与えられたものをどう使うかを考える」

これらは、それまで考えてみたこともなかった視点でした。

私はずっと、才能や能力、性格や家庭環境のせいにすることで、努力すること、挑戦することから逃げていました。

けれども、視点を変えることで話下手な自分を初めて受け入れることができました。不得意なこともあるけれど、それが味や魅力になる。

得意不得意のある等身大の自分を受け入れて、今あるものをどう生かすかを考えればいいのだと。

今の人間関係、大切な人とのつながり、能力、学んできた知識、経てきた知識、小額かもしれないが貯めてきたお金、残された時間……たくさんの「今あるもの」を生かしていこうと思えました。

そして……、

「自分の人生もまんざらじゃない。自分もやれる、この人生イケてる！」

と、初めて思えたのです。

なぜ、今まで気づかなかったのだろう？

こんなに時間も与えられているし、相談できる人もいるし、たくさんのことにチャレンジして失敗した経験もある。自分だって冒険の人生を歩んできたし、歩んでいけると思えました。そう思えたら「自分と仲良くなる」ことができて、気持ちがすごく楽になりました。

すると、挑戦したくなってきたのです。むずむずしてきたのです。

私の「行動イノベーション」の胎動が始まったのは、この頃です。

もうひとりの自分に OKを出してあげればいい

コーチングでは、頭と心と体の状態のことを「ステート（State）」と呼びます。そして、**「State is everything.――頭や心や体の状態こそがすべて」**という言い方もします。

この意味は、「頭と心と体の状態が良く、『できる』という感覚を持つこと。それが何よりもパワフルなのだ」ということです。

やりたいことを実現するためのお金がある。

実現するための経験や知識がある。

それも、もちろん大事な要素ではあります。でも、絶対条件ではありません。

もっとも大切なのは**「状態がいいこと」**。自分自身が「できる」と思えることです。

私は「自分と仲良くなる」方法を知り、劇的に変わることができました。

だからこそ、ひとりでも多くの方に、「自分と仲良くなる」という素晴らしい体験、そしてその効果を味わってほしいのです。

まずはあなた自身が「本当はどうしたい？」を気持ちよく語れるように、もうひとりのあなたが自分自身を認め、応援する必要があります。

「自分の夢は、とても素晴らしくて楽しい夢だ」。

「自分なら、必ずできる」。

「自分には、たくさんの味方がいる」。

そうやって、**自分に対して、常にもうひとりの自分がＯＫを出してあげる。**

それが、「自分と仲良くなる」ということなのです。


これは、ある女優さんをコーチングしていたときのことです。彼女は、オーディションになると、緊張のあまり力んでしまい、なかなかいい役がもらえないことから、役者をやめようかと悩んでいました。

話を聞くと、彼女は過去に大役を任されたこともあり、実力のある方でした。「自分との仲良し度」診断をすると、5つのうち1つしかチェックが入りませんでした。自然に役を演じられたときの自分は好きだけれど、監督に媚《こ》びたり、他の候補者との違いをアピールしようとして力んでしまう自分はどうしても受け入れられない、とのことでした。

そこで私は、後述する1分間自己受容エクササイズを、朝晩やってもらうことにしました。最初は、その効果について半信半疑だった彼女ですが、1カ月続けるうちに効果が出てきました。ありのままの自分を受け入れられるようになったことで、オーディション中に無理に自分の演技力の素晴らしさをアピールしようと思わなくなりました。さらに、反応が悪いとショックで固まっていたのが、反応が悪いときでも演じている最中に**「どうしたらうまくいくか?」を冷静に感じて微調整ができるようになった**そうです。

1分間自己受容エクササイズを始めて3カ月、彼女は、かねてから希望していた仕事をオーディションで獲得しました。

やってみよう！「1分間自己受容エクササイズ」

第2章では「自分と仲良くなる」という感覚を高めるための1つの方法として、「Yes, And」のコミュニケーションを行うことを提唱しましたが、ここではより具体的な方法として**「1分間自己受容エクササイズ」**をいくつか紹介しましょう。

毎日「1分間行動イノベーション」を行う前に、この「1分間自己受容エクササイズ」を行うことで、自分を認め、応援する。そうすれば、「1分間行動イノベーション」の効果が出やすくなります。

この「1分間自己受容エクササイズ」は、スポーツにたとえるならば、**試合前に行う準備体操のような位置づけ**です。

「1分間自己受容エクササイズ」その①

〝今の自分〟でも「少しでもできていること、ちょっとでもうまくいったことは何？」「他には？　あとは？」と1分間聞いて、今の自分を認めてあげましょう。

たとえば、会社で取得必須の試験の本番まで1カ月を切ったのに、勉強がほとんど進んでおらず、すでに自己嫌悪に陥っていたとしたら、「そんな今の自分でも少しでもできていること、ちょっとでもうまくいったことは何？」と自分に聞いてみる。

「試験勉強は思うように進んでいないけれど、今日の得意先でのプレゼンは、よくできた」

「他には？」

「試験勉強は進んでいないけれど、自宅の部屋は片づいた」

「あとは？」

「先延ばしにしていた学生時代の恩師と連絡をとれた」

「あとは？」

「試験直前にこれだけ見ればいいという資料は揃えられた」

「あとは？」

「幸いにも睡眠はばっちりとれていて、体力がある」

「あとは？」

「自己嫌悪になるくらい、真剣に試験について考えている」


はい、これで1分です。

・**解説**／自己否定（無理だ、ダメだ）の状態から、いきなり自己肯定（自分はできる）の状態へ行くことはできません。まずは、自己受容（自分と仲良くなる）を経て、自己肯定（自分はできる）の状態になることができます。**できてもできなくても、「ありのままの今の自分」を受け入れることが自己受容です。**でも、ありのままの自分をどうしても受け入れられないという方もいると思います。そういう場合は、今の自分のいいところ、できているところを見つけることから始めましょう。

「1分間自己受容エクササイズ」その②

「今うまくいっていないということは、自分はどんな意図を持っているのだろう？」「うまくいかないことで得ているメリット、その目的は何だろう？」と1分間考えてみましょう。

たとえば、さきほどの例のように、会社で取得必須の試験の本番まで1カ月を切ったのに、勉強がほとんど進んでいなかったとしたら、試験勉強が「うまくいかないことで得ているメリット、その目的は何だろう？」と自分に聞いてみる。

「他にやることがあるときに読む小説が楽しいから」

「他には？」

「勉強よりもゲームをしていたい」

「あとは?」

「お金にならない勉強をするよりも残業したほうが給料が増える」

「あとは?」

「きちんと理解するには時間が必要だけど、試験に合格するだけなら、試験直前2週間もあれば十分」

「あとは?」

「試験に受かったら、現場に出ないといけないのが面倒くさい」

「あとは?」

「勉強したら、こんな問題も解けないのかと自分の知識のなさに直面するのがイヤ」


はい、これで1分です。

・**解説**/今何かうまくいっていないことがあるとすれば、それは過去に原因があるのではありません。うまくいっていないという結果には、必ず目的があります。**「それはいったい何だろう?」とアドラーの目的論的解釈で自覚できると、先に進めます。**

たとえば、今の自分を変えたいのになかなか行動できない人は、本心では、今の自分が好きなのです。たとえば、自分のことが嫌いな自分が好き。仕事がうまくいかないと悩んでいる自分が好き。行動したいのに行動できない自分が好き。だから、行動できないのです。

「良い悪い」という判断を抜きに、自分の現状を認めることが、自己受容の第一歩。

実は、仕事がうまくいかないのではなく、仕事に力が入らないのではなく、本音は、「働きたくない」とか「もっと楽をしたい」などと思っているのかもしれません。

「なぜ働きたくないのか?」という部分について、「欲望」のレベルでしっかり考える必要があります。

第６章を読む前のポイント

ここからは、１分間行動イノベーションを実践した方々へ、さらなるアイデアを盛り込みました。成功者たちの知恵に学ぶ、効果のあるメソッドとなっています。

第６章では、テーマに分けてワークを用意しています。それぞれ、用途に合わせて実践してみてください。

第 6 章

成功者に学ぶ、「行動」を加速させる方法

行動を加速させる「成功者」たちのアイデアやメソッド

「1分間行動イノベーション」を続けていくと、必ず「もっといろんなアイデアを駆使して行動を加速させたい」と感じる時期がやってきます。

そんなときに役立ちそうなアイデアやメソッドを、この章でまとめておきます。

ワークの仕方が紹介できるものは、ワークについても触れておきます。

これらのアイデアやメソッドは、**すべて成功者たちが毎日の生活の中に取り入れている素晴らしいものばかり。**

そして、私が実際のコーチングセッションでクライアントと実行し、効果があったものばかりです。

これらをどんなタイミングでどんなふうに使うと良さそうか、ご自身の心の声や体の声と相談しながら、使えそうなものはどんどん取り入れてみてください。

あなたの行動を大きく変える！ セルフイメージの上げ方

「セルフイメージの質が、欲望やビジョンの質を決める」と言われています。

つまり、いいセルフイメージを持つと、いい「欲望」やいい「ビジョン」を持つことができ、さらに「自分にはできる」という感情に満たされますから、行動がどんどん加速していきます。

たとえば、「自分は一生平社員のまま終わる人間だ」という人は、とにかく何事も起きなければいい、クビにならなければいいと日々感じながら仕事をこなしています。

ある出来事が起きた瞬間、「あ～、なんでこんな大変なことに巻き込まれてしまったんだ……勘弁してくれよ」と思うでしょう。

それに対して、「自分は将来社長になる人間だ」と思っている人は、今のうちに経験を積んでおきたいと思い、日々の仕事に取り組んでいます。

ある出来事が起きた瞬間、「よし、なんとか乗り切ってやろう。自分が社長になったら、もっと規模の大きな、レベルの高い出来事に直面するはずだから、これもいい経験だ」と思うでしょう。

同じ出来事に対しても、セルフイメージの高さによって、捉え方がまったく違ってきます。つまり、あなたが**「自分自身のことをどう思っているのか?」が、あなたの思考・選択・決断・行動に大きな影響を与える**のです。

ここである事例を紹介しましょう。

私がコーチングサポートをした、ヨガスタジオ経営者でインストラクターのCさんは、あることで悩んでいました。現スタジオは、ありがたいことにうまくいっている。でも、「いいなぁ」と思うスタッフほど辞めてしまう。一生懸命に教えたほうのインストラクターほど独立してしまう。スタッフが育たないと、規模拡大は難しいと感じている中、2店舗目オープンの話も出てきているということで、私のところに相談に来られました。

まずは、Cさんにも毎日1分間行動イノベーションをやってもらいました。ですが、なかなか思うように成果が出ませんでした。そこで私は、Cさんとのセッションで「セルフイメージ」を扱うことにしました。

Cさんの現状のセルフイメージは「カリスマヨガインストラクター」。Cさんは、スタッフを育てたい気持ちはあったものの、自分の技の真髄をスタッフに教えてしまったらノウハウが流出し、カリスマ性を保てなくなってしまうことを、実は恐れていたのです。

そこで、**Cさんの未来ビジョンが実現しているときのセルフイメージを明確化してみることにしました。**すると「オリジナルヨガの家元として活躍」という言葉が出てきました。Cさんが「家元」だとすると、スタッフに1日でも早く育ってほしい、ノウハウを継いでいってほしいという思いがあふれてきました。

「ノウハウを流出させるなんて、もったいない」から「ノウハウを継承しないなんて、もったいない」というようにセルフイメージが高まったことで、Cさんの本心が書き換えられました。

そのことが、**Cさんのヨガスタジオの状況を大きく変えました。**半年後、Cさんのスタッフは期待以上に成長。2店舗目をオープンし、一番頼りにしていたスタッフが戻って来ました。その後もCさんのビジョンは、当初想定していたペースより4倍の速さで今も加速実現しています。

では、いったいどうやったら、セルフイメージが上がるのでしょうか?

ここで3ステップでできるワークを紹介しましょう。

セルフイメージをアップするワーク

1 今の自分のセルフイメージを認識する

「今のあなたのセルフイメージ」を書き出してみましょう。

たとえば、○○会社の社員、係長、課長、10年選手、営業マン、見習い中、ごく普通のサラリーマン、夫、妻、二児の父、三児の母、テニスがうまい人、独立志向のあるサラリーマンなど、何でも結構です。思ったイメージをいくつか書き出してみてください。

2 半年先、1年先、3年先に、すごくうまくいっているとしたら、どんなセルフイメージに変わっているかを考える

「うまくいった半年後、1年後、3年後のあなたのセルフイメージ」を書き出してみましょう。

たとえば、将来を嘱望されている○○会社の社員、○○の期待の星、新任係長、新任課長……などなど、何でも結構ですので、いくつか書き出してみてください。

3 「半年後」「1年後」「3年後」のいずれかで、しっくりくるものを1つ選んで、今この瞬間から、そのセルフイメージに沿った行動をしながら生活する

たとえば、今は役職がなかったとしても、1年先には新任係長になっていると思うなら、今から係長の姿勢、視点、視野、コメント、意識、言葉、仕事の質、飲み会での立ち居振る舞いをする。

そうすると、自然と「本当はどうしたいの？」に対する答えの質が高くなってくるのを実感できると思います。

「時間がない」を解消する！時間を大量に生み出す思考法

「1分間行動イノベーション」を行ったことで「自分が本当にやりたいことが、よくわかりました。でも、やっぱり時間がないんですよねえ」という人も、多くいます。

でも、私はそうは思いません。

なぜなら、驚くほど多くの仕事をこなしている人がいるからです。その人たちも私たちも、1日に使える時間は同じ24時間です。**彼らは、「時間がない」と考えません。「時間は必ずあるはずだ」と考え、「その時間を何とか見つけ出してやろう」と考えている**のです。

まず、ここに大きな意識の差があります。

では、彼らはどのようにして、時間を生み出しているのでしょうか？

それは、**小さなスキマ時間を探し出し、有効活用している**のです。

これは「時間が全然ない」が口癖だった私がサポートしたお客様が「作業時間が一気に3倍になった感覚です」と驚嘆した、非常に使えるスキマ時間発見活用ワークです。

ぜひ試してみてください。

スキマ時間発見活用ワーク

1 「時間がなくてできない」と思っていることを 1つ思い浮かべ、書きこんでください。

2 1で挙げたことについて、「まとまった時間が取れなくてもできること」は何ですか?

たとえば、それが「ブログを書くこと」だとしたら、ネタを1つだけ挙げてみることは、数分でできないでしょうか?

3 あなたの生活の中で、5〜10分程度のスキマ時間はどこにありますか?

電車を待つ時間、自宅から駅までの移動時間、ランチ後仕事開始前の時間、お風呂にお湯を張るまでの時間など、1日を振り返って、できるだけたくさん書き出してみましょう。

4 2で挙げたことは、3で探したスキマ時間のどこでやることができそうですか? また、他にもたくさんスキマ時間があったと思いますが、その時間には何をやると良さそうですか?

こうしてスキマ時間を探してみると、必ず驚くほどスキマ時間が存在していることに気づくはずです。その時間を有効活用すれば、自分でも驚くほどたくさんのことができてしまいます。

そして、**「自分でも驚くほどのことができてしまった」という体験は自信になり、「あれくらいの量だったら自分はできるんだ」と自分の経験値が上がります。**すると、「あたりまえ」の基準が変わり、今までは無理だと思っていたことが余裕でできるようになっていきます。

たった2つを意識するだけで夢は実現できる！

「実際に行動しようと計画を立てたんですが、どうも計画倒れになることが多いんですよね」という人がいます。

ところが、一方で、優秀な経営者などは、計画倒れに終わることなく短期間で成果を上げていきます。

その違いはどこにあるのでしょうか？

実は、成功者は2つのことを意識し、実行しています。

成功者が意識し、実行していることの1つ目は、

「2つの締め切りを設けていること」です。

多くの人たちは、「いつまでに○○をする」というゴールへの締め切りは設定しています。

ところが、「いつから○○をする」というスタートの締め切りを設けている人は、ほとんどいません。

ですが、成功者たちは、違います。「いつから始めるか?」を明確に決めます。そして、どんなことがあってもそのときに行動を開始しています。

今まで「ゴール」の締め切りを決めていたけれど「スタート」の締め切りを決めていなかったという人は、ぜひ試してみてください。

2つの締め切りを設けるためのワーク

1　これまで「いつまでに終わらせる」は決めていたけれど、「いつから始める」を決めていなかったことはありますか？

企画書の作成、レポートの提出……何か1つ書き出してみてください。

2　そのことに対して、2つの締め切りを設けてみましょう。「いつまでに終わらせますか？」そして「いつ始めますか？」

3　始めるときに、どんな環境で、どんな気分で始められたら、さらに行動が加速するかイメージしてみましょう。

では、成功者が意識し、実行していることの2つ目は何でしょうか？

それは、**「複数のプランを立てていること」**です。

物事というのは、必ずしもプランどおりに進むわけではありません。そして、プランどおりにいかないと思った瞬間に、「やめた」「自分には無理だ」となってしまうことが多いのです。

たとえば、今日が12日で「16日の夕方までに企画書を完成させよう」と決めたとします。そして、「13日の日中が使えるから、そこでやろう」と思ったとします。ところが、13日の日中に急遽打ち合わせの予定が入ってしまい、16日の夕方までに完成させることはできなくなってしまった……というケースはよくあるのではないでしょうか？

ところが、成功者は、そんなことはありません。

成功者は、必ず〝プランどおり〟に物事が運びます。

それはなぜか？

プランを1つだけではなく、いくつも用意しているからです。

「16日の夕方までに企画書を完成させよう。13日の日中が使えるから、そこでやろう」と思う。ここまでは、成功者も同じです。ところが、成功者はここでもうひと粘り。「もしかしたら、13日が不意の予定で使えないかもしれない」と想像するわけです。

そして、13日の日中にできない場合を想定し、たとえば14日の夕方を使って仕上げるプランBを念頭に置きます。

けれども、14日の夕方も、予定が入ってしまい、使えない場合があります。そこで15日の朝方を使って仕上げるプランCを念頭に置きます。

けれども、15日の朝方も使えない場合があります。そのときのために「15日の夜は飲み会の予定などは絶対に入れずに空けておこう。そして、深夜作業になっても必ずここで仕上げよう」などと、プランDを念頭に置きます。

こんなふうに、成功者は、**絶対に実現したいことに関しては、プランAだけでなくプランDくらいまで念頭に置いている**わけです。

そして、いずれかのプランで必ず実現させます。だから、〝プランどおり〟に事が運んでいるのです。

このような形で、「始まりと終わりの2つの締め切りを設けること」「複数のプランを立てること」を組み合わせて行えば、物事が計画倒れで終わらなくなります。

複数のプランを立てるためのワーク

1 あなたが近々実行することの中で、特に気がかりなことは何ですか?

何か1つ書き出してみてください。

2 そのことに対して、どういうプランを立てていますか?　いつから始めますか?　いつまでに終わらせますか?

プランAとして、1つだけ書き出してみてください。

3 2で出したプランAがもしも予定どおりに進まなかった場合、プランBはどんなものになりますか?

プランBがうまくいかなかった場合のプランC、プランCがうまくいかなかった場合のプランDも書き出してみましょう。

仕事のクオリティを劇的に高める！
成功者の自己管理術

仕事というのは、量はもちろん大切ですが、それと同じ、いやそれ以上に質も重要なポイントです。

けれども、忙しい中で毎日仕事をしていると、だんだんパフォーマンスが下がってくるというのはよくある話です。

たとえば、集中力の問題。朝のうちは仕事がはかどるのに、食事のあとは集中できず、仕事が全然はかどらない。

あるいは、体力の問題。1日の始めや週の始めはしっかり仕事ができるのに、終盤に入ってくると疲れが出てきてはかどらない。

あるいは、気分の問題。自分の気分が乗っているときははかどるのに、気分が乗らないとまったくはかどらない。

このように、波があり、仕事の質が安定しないという人はどうすればいいのでしょうか？

ここで、仕事そのもののやり方に目を向けるのも1つの方法ですが、成功者たちはもっと大きな視点で自分の生活を見つめ直しています。

では、どうしているのでしょうか？

「体調管理の時間」
「リラックスの時間」
「趣味の時間」

といったセルフメンテナンスの時間を「自分のための絶対必要時間」と位置付け、必ず確保しているのです。

「体調管理の時間」は、たとえば散歩やランニングをしたり、ストレッチをしたりして、自分の健康状態を良好に維持するための時間です。

「リラックスの時間」は、たとえば本を読んだり、お風呂にゆっくり浸かったり、休日にのんびりしたり、心身を和ませるための時間です。

「趣味の時間」は、あなたの大好きなことをして、楽しい気分になるための時間です。

人生は、仕事だけではありません。この3つがほどよく確保されているからこそ、人は楽しい人生を送れるのです。

セルフメンテナンスの時間を確保するワーク

1 あなたはどんなことをすると、体調が良くなりますか？

2 あなたはどんなことをすると、リラックスできますか？

3 あなたにはどんな趣味がありますか？

4 1～3をする時間を、1週間あるいは1カ月の予定の中に確保してみましょう。

何月何日の何時にそれを行うかを決めて、スケジュール帳に書き込んでしまいましょう。

誰にも邪魔させない！モチベーションコントロール法

セミナーやスクールなどに参加して「よしやるぞ」と思い帰宅したものの、その思いを家族や同僚などに告げたら「何、そんなこと急に言い出して。どうせ続かないんだから」とか「そんなの現実には無理ムリ。やめておいたほうがいいって」などと言われてモチベーションが下がり、やめてしまった……そんな経験をしたことがある方も多いのではないでしょうか？

けれども、**成功者というのはこういった周りの言動で自分の歩みを止めない術《すべ》を持っています。**

その方法とは……

「自分のやる気がないとき、調子が最悪なときにでもできること」をあらかじめリストアップしているのです。

自分のやる気を常に高い位置に安定できたら、それはベストです。けれども、人間なので、必ずしもそうはいきません。良いときも悪いときもあります。成功者は、人間とはそういうものであると自覚しています。

だからこそ、「悪いときでもできること」を知り、悪いときはそれをやる。とにかく歩みを止めないようにするのです。

モチベーションとは、人が一定の方向や目標に向かって行動し、それを維持する働きのことをいいます。

大切なのはこの「維持」の部分です。

モチベーションが上がることもあれば、下がることもあります。けれども、モチベーションを消失してはいけません。消さずに進んでいけば、小さくなったモチベーションがふたたび大きくなることを成功者たちは知っています。

モチベーションを維持するワーク

1 あなたが今までにやる気を失ったシーンを少し思い出してください

たとえば、営業の方法について上司に提案したところ、上司から「そんな方法で成果が出るわけがない」と言われて「二度と提案などするか」と思った　など。

2 あのやる気のない状態で、それでもできることはありますか？

あなたの「これから」を良くするという視点で5つ考えて、書き出してみましょう（グチやボヤキは口にせず外の空気を吸って気分を切り替える、違う方法で提案をしてみることを考える　など）。

最初で絶対つまずかない！サラミスライスのメソッド

行動というのは、始めるまでが大変です。けれども、一度始めてしまえば、あとはスムーズにいくものです。

それは自転車の漕《こ》ぎ出しによく似ています。最初はペダルが重く感じますが、自転車が動き出してしまえば、ペダルは軽やかになります。

では、成功者は自転車の漕ぎ出しが大変だと感じたときどうするのか？

彼らは「重いペダルを精一杯の力で漕ぎ始めよう」とはしません。そうではなく**「ギアを軽くして楽々とスタートしよう」**と考えます。

つまり、「最初の行動」を、楽々とできる小さなものにしてしまうのです。そして、「その次の行動」も、楽々とできる小さなものにしてしまいます。その結果、何の負荷もなく、簡単に動き出すことができるのです。

つまり、サラミをスライスするように、**行動をより小さなスモールステップに分解してしまう**わけです。

こんなことがありました。

私のクライアントで、「健康管理のために毎日ジョギングをしたいのだけれど、なかなか行動に移せない」という方がいました。

そこで、できるだけ小さなステップに分解してみました。

・ジョギングウエアに着替える
・ジョギングシューズを眺める
・ジョギングシューズを玄関に出す
・ジョギングシューズを履く

・ジョギングシューズを履いて、玄関の外に出る
・ジョギングシューズを履いて、10歩歩いてみる
・ジョギングシューズを履いて、1分歩いてみる
・ジョギングシューズを履いて、10歩走ってみる
・ジョギングシューズを履いて、1分走ってみる

そして、「まずはジョギングウエアに着替えればOKということにしましょうよ」ということになりました。

「毎日ジョギングを欠かさない」という「行動」はかなりしんどいことのように思えます。ところが「ジョギングウエアに着替えるだけでOK」となれば気楽なものです。ジョギングシューズを玄関に出すのも苦ではないし、まあそこまで来れば履いてみるのもいいだろう……そんなふうに**行動をスモールステップに分解したら、「ジョギングシューズを履いてとりあえず走ってみる」ということが苦ではなくなってきました。**

面白いもので、走り出すまでは「イヤだなあ、気が乗らないなあ」と思っていたのに、一度走り出してしまえば「体を動かすのは気持ちがいいものだな」と感じてきます。そのクライアントは、２週間で「毎日ジョギングをすること」が日課として定着していました。

物事を始めやすくするサラミスライスのワーク

1 あなたにとって「始めたいのになかなか始められないこと」は何ですか？

運動、ダイエット、英語学習……何でも結構ですので1つ書き出してみてください。

---

2 1で書き出したものについて、「それなら絶対できる」というステップを5つほど、ジョギングの例にならって書き出してみてください

英語なら、

1 英字新聞を机に置く

2 英字新聞をカバンに入れる、

3 英字新聞を読むフリをする、

4 英字新聞の中で意味がわかる単語を10個見つける、

5 英字新聞の中で意味のわからない単語を1つだけ見つける　など

成功者が必ず行っている「軌道修正」の極意

成功者たちは、「行動」を決定して行っているわけではありません。

……と書くと、ちょっと面白い表現ですよね。

成功者たちは、「行動」を〝仮決め〟して行っています。それは「物事は進めていくうちに必ず軌道修正がある」という感覚を常に持っているからです。

つまり、「仮決め、仮行動」といった、いい意味での軽いノリで物事を行っているのです。

たとえば、「1カ月間に3キロやせる。そのために毎日30分ランニングをする」と仮決めしたとします。

そして、まずは1週間実践してみて、1週間後に振り返ります。

この時点で、「おや、1週間で500グラムしか体重が減っていないな。減ったのは、やはりランニングの効果としても、予想より減少が少ないのはなぜだろう……もしかしたら夜のお酒の量に問題があったのかな」などと推測したとしたら、「よし、毎日30分のランニングはそのまま継続して、さらに週1回お酒を飲む機会を減らしてみよう」などと仮決めして、軌道修正をかけていけます。

ここで大事なのは、**「続けると成功につながりそうなこと」と「続けると成功をさまたげそうなこと」が自分で推測できるようになるということ**です。

もちろんすべてが簡単にわかれば苦労はありませんが、たとえばダイエットの場合ならば、「毎日の体重を細かく計測する」「食事の内容などをメモしておく」「体調について感じていることを付記しておく」などの〝データ〟を集めることにより、より精度の高い推測ができるようになります。

成功者というのは、

「仮決め」（Plan）
↓
「仮行動」（Do）
↓
「振り返り」（Check）
↓
「改善」（Act）

というサイクルを回しています。「ＰＤＣＡサイクル」という言葉を聞いたことがある人もいるかもしれませんが、成果を出すまでの道のりで、このＰＤＣＡサイクルを回しているのです。

この話をすると、「『仮決め』でいいなら、自分にもできそうです」と言って、誤解されてしまう方がいるので補足しておきます。「仮決め」と決断の「先延ばし」はまったく別物です。

「仮に決める」ということは、他の可能性、他の選択肢を一度すべて脇に置くということです。行動の最大の敵は、迷っている時間です。もしも「仮決め」したのに行動できない場合には、決断の先延ばしをしていることになるので、本当にやることを1つに絞ったか確認してみてください。

私がサポートしたお客様の中にこんな方がいました。経営者のDさんは、既存事業はうまくいっているものの、本当にやりたい新規事業には手をつけられていない状況でいました。さらに、気乗りしないが、参入タイミングが絶妙のビジネスのオファーをいただいていて、どこに注力すべきか……。なかなか決断できずにいました。

そんな状況で私のところに来られました。

そこで、私は「1分間行動イノベーション」を朝晩やるようにお願いしました。それでも、Dさんは当初迷っていました。当然です。選択肢が複数あって、どの選択肢にもメリット・デメリットがあり、だからこそ……という状況だったからです。

Dさんは、「1分間行動イノベーション」を2週間やった時点で、「既存事業を信頼できるスタッフに任せ、自身は、新規事業に注力する」ことに決めました。

でもちゃんと決めた訳ではありません。「仮に」決めたのです。そして、「仮に」スタッフとミーティングの機会を持ち、新規事業の経営理念・計画のラフドラフトを1週間で仕上げるという「仮行動」を早速実践していただきました。

仮決め・仮行動をしたことがDさんの流れを変えました。半年後、新規事業は形を変えて実現することになりました。信頼していたスタッフが期待以上に成長し、既存事業を任せられるようになったのです。

次に紹介するのは、あなたの行動計画の中でカギを握る行動を抽出するためのワークです。ステップが少し多めですが、これも私がクライアントとのコーチングセッションの中でよく使っているものです。とても大きな効果があるので、ぜひやってみてください。

行動計画をブラッシュアップするためのワーク1

1 **あなたが今挑戦中だったり、取り組んでいる最中の出来事を1つ選んで書き出してください**

仕事のプロジェクト、ダイエット、勉強……何でも結構です。

---

2 **1について、この1週間(あるいは1カ月)を振り返ってみましょう。この1週間(あるいは1カ月)で「やる」と計画したことのうち、うまくいっていること(成果につながっていること)は何ですか?**

---

3 **1について、この1週間(あるいは1カ月)で「やる」と計画したことのうち、「もっとうまくできるはず。もっと改善できるはず」と感じていることは何ですか?**

---

4 **3を踏まえて、あなたの目標達成に必要な行動をリストアップして、1つずつフセンに書き出してみてください**

---

5 **その次に4で書き出したフセンを、「やる」「やらない」「先送り」の3つに分けてください**

---

6 **5で「やる」に分類された行動について、やるべき順番から優先順位をつけて並べてみましょう**

新しいチャレンジが続けられる、物事を簡単に習慣化する方法

「行動」というのは、いかに習慣化するかが1つのポイントになります。

ある「行動」を習慣に落とし込むために成功者が行っている方法——それは、**「自分の好きなこと」や「日常のルーティン」に結びつけること**です。

「自分の好きなこと」というのは、こういうことです。

たとえば、あなたが「ＴＯＥＩＣ８００点を目指して勉強しよう」と思っていたとします。でも、なかなか勉強が進まない。

そして、そんなあなたがスターバックスのラテが大好きだったとします。

そういう場合、ＴＯＥＩＣの勉強とスターバックスのラテを結びつけてしまうのです。

スタバに行き、ラテを頼む。おいしいラテを飲みながらＴＯＥＩＣの勉強をするのです。

すると、どうなるか？

おいしいラテは、あなたの脳に快の感情をもたらしてくれます。そのときに行うＴＯＥＩＣの勉強も、あなたの脳の中で快をもたらすものになっていくのです。つまり、ＴＯＥＩＣの勉強がとても楽しいものになってくるのです。

一方、「日常のルーティン」というのは「朝、トイレに入ったときにはＴＯＥＩＣの頻出単語を１つ覚える」「リスニング問題を聞きながらお風呂に入る」などといった工夫をすることです。

トイレに行く、お風呂に入るといった行為を忘れることはありませんよね。そういった「必ず行う日常のルーティン」に引っかけて、新しいチャレンジを始めると「行動」は定着しやすいのです。

この考えを実践した結果、半年間でＴＯＥＩＣの点数が６３０点から８３０点にまで上がったお客様がいました。

行動計画をブラッシュアップするためのワーク2

1 あなたが今挑戦中だったり、取り組んでいる最中の出来事を1つ選んで、書き出してください。

仕事のプロジェクト、ダイエット、何でも結構です。

2 1で選んだことを、「自分の好きなこと」とどう結びつけられそうですか？

たとえば、大好きなスターバックスでやる、大好きなレゲエを聴きながらやる　など。

3 1で選んだことを、「日常のルーティン」とどう結びつけられそうですか？

たとえば、お風呂でやる、トイレでやる、会社の行き帰りでやる　など。

本当の人生はあなたが行動した後に始まる

ここまで、行動イノベーションについて書いてきましたが、本当は行動イノベーションなどしなくても大丈夫なのです。なぜなら、新しい行動をしなくても今までどおりの生活をしていれば人は生きていけるからです。実際、世の中には新しい行動やチャレンジをしなくても気にもしない人が大勢います。でも、そういう人ならこの本を手に取りもしないでしょう。

数多くの書籍の中で、本書を手に取ったあなたは、きっと、現状を変えたい、先延ばし癖を何とかしたい、もっとチャレンジしたい、成長したいと考える、きわめて意識の高い人です。

そんなあなたなら、絶対に行動イノベーションができるようになります。

この本を手に取った時点であなたは、もうすでに一歩を踏み出しています。

そして、ここまでお読みいただいたあなたなら、今夜そして翌朝に何をすればいいかおわかりのはずです。

人は、それほど多くのことを人生の中で達成できません。自分が興味のないことや情熱を感じないことにだらだら時間を使っている暇はないのです。だからこそ、自分の本当の欲望、本音に基づいて人生を創り上げていくことが大事なのです。

「知行合一」

これは明治維新の幕末の志士たちの行動原理にもなった陽明学の言葉です。

「真に知れば、それは必ず行動に転嫁する。知ることと行動することは一体なのだ」

ということです。

1分間行動イノベーションを習慣化して、本当の欲求を自分が知ったとしたら、必ず行動に転嫁するのです。だから、あなたの真の欲望にたどり着くまで、自分への問いかけを継続して、習慣化してほしいのです。

素直に夢を描き続け、その夢に向かって行動し続ける人生こそ、魅力的な人生だと私は考えます。

現実は、なかなか自分の思いどおり、期待したようにはいかないことが多く、厳しいかもしれません。だからといって、夢を描くことをあきらめないでください。

「夢なんて絵空事だよ」と鼻で笑う人は、放っておきましょう。「夢の実現は無理」という信念を持つ人には、そのとおりの現実しかやってきません。一方で、「夢は叶えるためにこそある」と自分の可能性を信じて行動する人に、幸運の女神は微笑みます。そして素敵な人とのご縁やチャンスがやってくるのです。

情熱をともなった行動こそが、あなたの人生の新しい扉を開くのです。

あとがき

「パパみたいなパパになりたい」

ちょうどプロコーチとして独立するかどうかを毎日迷っていたとき、「息子さんがそう言っていましたよ」と、園長先生が教えてくれました。

私は胸が熱くなって、場所も気にせず号泣しました。

そしてその日の晩も「本当はどうしたい？」と、自分自身に問いかけました。

「本当なら、独立したい。そして、夢に向かってチャレンジする後ろ姿を息子たちにプレゼントしたい」という答えが出てきました。息子のおかげで、自分の本当の欲望を知ることができたのです。
「うまくいかないことばかりで、たくさん失敗するかもしれない。でもめげずに挑戦し続ける姿を息子たちに見せたい」と、心底そう思ったのです。そこから、行動できるようになり、未知の世界へのチャレンジがスタートしたのです。

私は、「大人も子どもも自分の夢にまっすぐに進んでいける社会」を目指しながら、日々仕事をしています。その一助となればと思い、本書を書きました。

最後に、本書を出版することができましたのは、ご縁をいただいたすべてのみなさまのおかげです。
そして、私のサポートを受けてくださったたくさんのクライアントの方々、プロコーチのみなさん。みなさまの励ましがあったからこそ、本書を出版することができました。本当にありがとうございます。

この本を最後まで読んでくださった読者であるあなたに最大級のお礼を申し上げます。よろしければ、あなたの率直な感想をお聞かせください。いただいた感想を本気で一生懸命に読ませていただきます。

感想はコチラのメールアドレスに送信ください。

〈あて先〉：info@a-i.asia　〈件名〉行動イノベーション感想

そして、学生時代から人生のパートナーであり、仕事でも最強のパートナーとして、毎日全力でサポートし続けてくれる妻、朝子。新しいことにどんどん挑戦する長男・晃弘、とてつもない集中力を発揮する次男・達也。3人の愛する家族に本書を捧《ささ》げます。

「1分間の行動イノベーション」によって、ひとりでも多くの人が自分の可能性を最大限に生かし、充実感に満ちた笑顔の日々を過ごせますように！

大平信孝

文庫版　あとがき

２０１４年9月に出版した本書『本気で変わりたい人の行動イノベーション』は私のデビュー作です。

「無名の新人著者が書いた地味な本など売れない」と発売前にそう何度も言われました。ところが予想に反し、本書は5万部を超え、今でも多くの方に読まれています。それは、本気で変わりたいと真剣に思っている方に共感いただいたからだと感じています。

実は本書の執筆中、自分に書く資格はあるのかと何度も不安になりました。世の中はすでに名著で溢れているからです。そのときも「本当はどうしたい？」と自分自身に問いかけました。

「挫折だらけで、ごくごく普通の人生を生きてきて、ずっともがいてきた自分だからこそ書ける本がある。能力やコネや実績などがなくても、誰でも変われるシンプルメソッドがあることを、どうしても伝えたい」

そんな私自身の心の声に従って本書は生まれたのです。本気で変わりたいと思っている方に、シンプルなメソッドで人は変われるということを伝えたかったのです。なぜなら、私自身がそうだったから。

本書から始まった「行動イノベーション・メソッド」は多くの方に支持され成長し続けています。行動イノベーションを実践しているおかげで私自身も私の仕事も、変わりました。本気で変わるためのメソッドを本で読むだけにとどまらず、直接聞きたい、直接学びたいという声が増えてきたのです。

そこで年間セミナー「行動イノベーション・アカデミー」を開校しました。さらに、多くの人の悩みや課題を解決するための新メソッドが次々と体系化されつつあります。行動イノベーションのノートメソッド、シートメソッド、トークメソッドなど広がりをみせています。それはこれからも続いていきます。

あなたの本音で新たな道をつくる

自分には無理だからと勝手にあきらめていることはありませんか？でもあなたが無理だと言っているのは、すでにある道を通ってはその目的地には行けないということかもしれません。もしそうなら、自分で道をひらいていけばいい。

果敢に、雑草が生い茂る中に飛び込むのです。少々痛いかもしれません、何度も転ぶかもしれません。でも、振り向いて見てください。そこに道があるのです。**ほかの誰でもない、あなた自身が切り開いた道が。あなたの後ろに道ができる**のです。

だからこそ、**自分の本当にやりたいことを「1分間行動イノベーション」の実践によって、見出していってほしい**のです。

特に心の声は、なかなかすぐに聞けるようにならないという方もいるでしょう。大人として、社会人として一人前に生きていこうとするプロセスの中で心の声に蓋をしてしまうことがよくあるからです。そしてその蓋の「分厚さ」には個人差があります。

ですので、あきらめず、淡々と**「本当はどうしたい？」この問いかけを続けてみてください**。そして心の声、自分の本音を引き出していってください。

「雨だれ石を穿《うが》つ」私の大好きな言葉です。

とても小さな雨だれの一滴であっても、継続すれば、石にくぼみを作ることができる力になるのです。どんなに困難に思える状況にあったとしても、小さな努力を積み重ねることで、突破できない壁はないと私たちに教えてくれています。

「1分間行動イノベーション」の実践も一滴の雨しずくにすぎないかもしれません。

ただ、継続することで、自分に問いかけ続けることで、どんな分厚い蓋にも穴を空けるドリルとなることを確信しています。ぜひ、あなたの本音を50秒セルフトークで見出し、10秒アクションから自分で選んだ新たな道を歩み始めてください。

時代の変わり目は、行動する人に追い風が吹きます。新時代の新しい流れは挑戦する人の後にできるのです。短期的にうまくいかないことがあったとしても、1つの道では目的地にたどり着けないとしても、あきらめないで、自分の本音を思い出して小さな行動を積み重ねていけば、再挑戦を続ければ、必ず道はひらけます。だからこそ、もう一度、耳をすまして聴いて欲しいのです。

あなたの本音を。あなたの心の声を。

「本当はどうしたい？」

そして、心の声をカタチにするための10秒アクションからスタートするのです。本書を手に取ってくださったあなたを私は心から応援しています。

その思いを込め、ペンを置きたいと思います。

近いうちに直接お会いできるのを心から楽しみにしております。

平成最後の1月に　大平信孝

◎感想送付先アドレス：info@a-i.asia
（件名は「行動イノベーション・感想」とお願いします）

◎読者限定の特典ページ：https://www.reservestock.jp/subscribe/102701
（1分間実践音声と1分間実践シートなど2つの特典をダウンロードできます）

◎無料メールマガジン「行動イノベーション通信」：
https://www.reservestock.jp/subscribe/43921

参考文献

『人間知の心理学』 A・アドラー著 春秋社
『人生の意味の心理学』 A・アドラー著 春秋社
『嫌われる勇気』 岸見一郎・古賀史健著 ダイヤモンド社
『勇気づけの心理学』 岩井俊憲著 金子書房
『アドラー心理学入門』 岸見一郎著 KKベストセラーズ
『成功するのに目標はいらない!』 平本相武著 こう書房
『寝ている間も仕事が片づく超脳力』 中井隆栄著 幻冬舎
『仕事がうまくいく人の小さなコツ』 野澤卓央著 PHP研究所
『地上最強の商人』 オグ・マンディーノ著 日本経営合理化協会出版局
『「原因」と「結果」の法則』 ジェームズ・アレン著 サンマーク出版
『自助論』 サミュエル・スマイルズ著 三笠書房
『一瞬で自分を変える法』 アンソニー・ロビンズ著 三笠書房
『モチベーション3.0』 ダニエル・ピンク著 講談社
『ケアの本質』 ミルトン・メイヤロフ著 ゆみる出版
『アツイ コトバ』 杉村太郎著 中経出版

『イノベーションと企業家精神』　P・F・ドラッカー著　ダイヤモンド社
『非常識な成功法則』　神田昌典著　フォレスト出版
『7つの習慣』　スティーブン・R・コヴィー著　キングベアー出版
『はじめの一歩を踏み出そう』　マイケル・E・ガーバー著　世界文化社
『カエルを食べてしまえ！』　ブライアン・トレーシー著　ダイヤモンド社

大平信孝（おおひら・のぶたか）

目標実現の専門家。第一線で活躍するリーダーのメンタルコーチ。株式会社アンカリング・イノベーション代表取締役。脳科学とアドラー心理学を組み合わせた、独自の目標実現法「行動イノベーション」を開発。その卓越したアプローチによって、日本大学馬術部を2年連続全国優勝に導いたほか、経営者、オリンピック出場選手、トップモデル、ベストセラー作家など1000人以上の目標実現・行動革新サポートを実施。その功績が話題となり、各種メディアからの依頼が続出。リーダー層へのパーソナルコーチングは、現在、3ヶ月待ちとなっている。自ら指導するプロコーチスクールでは、年商1000万を超えるコーチが続々と誕生。さらに2018年からは年間セミナーである「行動イノベーション・アカデミー」を開講。セルフコーチングによって、人間関係や心身の健康にも効果を実感する人が相次ぐ。著作累計は、17万部を超え、中国、台湾、韓国など、海外でも広く翻訳されている。主な著書に『たった1枚の紙で「続かない」「やりたくない」「自信がない」がなくなる』、『先延ばしは1冊のノートでなくなる』（ともに大和書房）などがある。

だいわ文庫

本気《ほんき》で変《か》わりたい人《ひと》の行動《こうどう》イノベーション

著者　大平信孝《おおひらのぶたか》

二〇一九年二月一五日第一刷発行

発行者　佐藤　靖

発行所　大和《だいわ》書房
東京都文京区関口一－三三－四　〒一一二－〇〇一四
電話　〇三－三二〇三－四五一一

フォーマットデザイン　荒井雅美（トモエキコウ）

本文デザイン　井上新八

本文印刷　信毎書籍印刷

カバー印刷　山一印刷

製本　小泉製本

ISBN978-4-479-30744-0

http://www.daiwashobo.co.jp